Margaret Thatcher et la fin du communisme en Europe de L'Est

INTRODUCTION

Margaret Thatcher a été Premier ministre du Royaume-Uni de 1979 jusqu'au 28 novembre 1990. Elle est devenue le leader du Parti conservateur et a pris la place d'Edward Heath. Elle a aidé Ronald Reagan à démanteler le rideau de fer sans un coup de feu et à détruire « l'Empire du mal ».[1]Pour le président Reagan, l'Empire du mal est constitué de l'Union Soviétique et ses alliés.

La politique étrangère de Margaret Thatcher est basée sur l'anticommunisme et l'atlantisme. Après son discours tenu le 19 janvier 1976 à Kensington Town Hall, « Britain Awake », la presse soviétique l'a appelée « The Iron Lady » (la Dame de fer).Dans ce discours, elle est ferme sur sa position contre le communisme qui est en train de se répandre dans le monde. Selon elle, la Russie soviétique est pour la confrontation. Elle dépense beaucoup d'argent dans l'armement et n'est pas un exemple à suivre dans les domaines économiques et humains. L'ouest doit se lever face à cette menace communiste. Les soviétiques sont en train d'aider à l'installation des régimes communistes partout dans le monde comme au Viet nam, en Angola etc ...

Margaret Thatcher demande aux pays occidentaux d'agir contre ce danger communiste pour protéger leurs peuples face aux agressions extérieures et garantir la survie de leur mode de vie.[2] Elle a raison lorsqu'elle met le monde occidental en alerte contre ce danger communiste, car dès 1979 l'Union Soviétique envahit l'Afghanistan. Ils sont les maîtres en Europe de l'Est et n'hésitent pas à écraser les mouvements anticommunistes en Tchécoslovaquie, Hongrie et Pologne.

En 1975, elle rencontre le gouverneur de la Californie de l'époque, Ronald Reagan. Ils partageaient tous les deux les mêmes idées en ce qui concerne le communisme, ils étaient tous les deux anticommunistes .Ils ont collaboré dans cette guerre contre le communisme dans le monde et ils l'ont gagnée. Tous les deux ont fait équipe contre la dictature du prolétariat qui était répandue dans l'Europe de l'Est et qui risquait de se répandre dans d'autres pays dans le monde.

---

[1] John Bundell. *Margaret Thatcher :A Portrait of the iron lady.* USA:Agora Publishing,,2008,chapitre 26
[2] Margaret Thatcher, *Britain Awake,* discours tenu à Kensington Town Hall le 19 janvier 1976,Fondation Thatcher www.margaretthatcher.org

Margaret Thatcher a toujours soutenu les dissidents de l'Europe de l'Est et elle était un des artisans de la chute du communisme. Elle exprime son désir de créer de nouvelles relations avec les pays de l'Europe de l'Est, l'URSS et l'Occident. Elle est devenue une véritable ambassadrice dans ces pays. Son message est dirigé aux dissidents et aux persécutés politiques que l'Occident ne les a pas oubliés. Son but est de se rapprocher de ces pays et l'Occident pourra les aider à retrouver la liberté, le respect des droits de l'homme, de la dignité humaine et l'établissement d'une véritable démocratie.[3]

Lors de ses voyages en Europe de l'Est, elle rencontre des dissidents et leur accorde son soutien. En URSS, elle rencontre Sakharov et bien d'autres dissidents et elle ne manque pas à leur donner ses conseils. En Pologne, elle apporte son soutien au syndicat Solidarnosc (Solidarité) et à son leader Lech Walesa. Il ne faut pas oublier le soutien d'une grande figure, le Pape Jean-Paul II dans la guerre froide. Il a apporté son aide à ce mouvement en Pologne et à encourager ses membres à continuer à combattre le communisme.

Dans le bloc de l'est, elle voit M.Gorbatchev comme la personne capable qui pourrait amener le changement tant attendu en Europe de l'Est. Il est l'architecte du nouveau monde sans un régime totalitaire comme le communisme .Margaret Thatcher a été l'intermédiaire entre l'occident et le bloc de l'est .Ella a su à qui faire confiance et avec qui faire affaire.[4]

« The wind of change » souffle avec la chute du Mur de Berlin. Mme Thatcher voit son rêve exaucé, les pays de l'Europe de l'Est libérés du communisme, mais elle reste sceptique à la réunification allemande.

La question qui se pose est la suivante :

Quel rôle historique a joué la Dame de Fer dans la chute du communisme en Europe de l'Est pendant deux décennies à la tête d'une des plus grandes puissances du monde ?

---

[3] Margaret Thatcher,*The Downing Street Years*.Londres:HarperCollins Publishers ,1993,Traduction française :Patricia Blot ,Christophe Claro,Hervé Denès,Philippe Mortimer.Paris :Editions Albin Michel,1993,chapitre 16 .

[4] *Ibid.*

Aperçu biographique de Mme Thatcher

Margaret Hilda Roberts (Thatcher), future Premier ministre du Royaume-Uni est née le 13 octobre à Grantham, une petite ville des Midlands de l'est située dans le quart sud-ouest du Lincolnshire. Elle est la fille cadette d'Alfred et de Béatrice Roberts, née Stephenson. Sa sœur aînée, Muriel est née en 1921, quatre ans après le mariage des parents.[5] A dix ans et demi, Margaret obtient une bourse pour le collège de filles local (Kesteven and Grantham girls school) où elle entre en septembre 1935.[6]Margar et Roberts fait ses études secondaires de 1936 à 1943, pendant une grande partie des années de guerre[7].Lorsqu'elle est en deuxième année de terminale (Upper sixth), elle choisit d'étudier des matières scientifiques (chimie, biologie, mathématiques) pour le High School Certificate et constitue un dossier pour entrer à l'Université de Nottingham (la plus proche) et ainsi qu'à Bedford College à Londres. Cependant elle tente sa chance à l'Université d'Oxford. A l'époque, même pour entreprendre des études scientifiques , on ne pouvait pas entrer à Oxford sans parler le latin .Margaret persuade alors son père de lui faire donner des cours intensifs de latin par le professeur du lycée des garçons (King's school)où sont enseignées les langues classiques et de la faire inscrire pour l'unique bourse de sciences de Somerville College d'Oxford. Elle finit ex-equo avec une candidate dont c'est la deuxième et dernière tentative .C'est donc cette dernière qui obtient la bourse .Margaret est placée sur une liste d'attente. Elle décide de rester à l'école de Grantham pour une

---

[5] Jacques Leruez .Le Phénomène Thatcher.Bruxelles : Editions Complexe ,1991 ,p. 19

[6] Ibid.,p. 26

[7] Ibid.,p. 27

troisième année de terminale, alors que le cursus se fait en 2ans habituellement avec l'intention de retenter à nouveau l'examen à Oxford. Toutefois, trois semaines après le début du premier semestre, Somerville College lui fait savoir qu'à la suite d'un retrait de dernière minute, une place est disponible et que par conséquent, elle peut alors commencer ses études supérieures.[8]

Elle avait 18 ans en 1943 lorsqu'elle intègre Oxford. Nous sommes alors en pleine deuxième guerre mondiale. Les troupes nazies allemandes occupent une grande partie des pays européens. C'est une des périodes les plus obscures de l'humanité. Beaucoup d'êtres humains et particulièrement de juifs sont exterminés.

La famille de Margaret Roberts accueille un certain temps une petite juive autrichienne qui a été avant 1939, la correspondante de sa sœur aînée, Muriel. Elle a fui Vienne pendant qu'il était encore temps. Margaret Roberts a donc très tôt entendu des témoignages sur le sort réservé aux juifs dans l'Allemagne et Autriche nazies.[9]De 1947 à 1951, elle travaille dans le secteur de la recherche en chimie, dans l'industrie des plastiques, chez BX Plastics. En 1949, elle est sélectionnée comme candidate conservatrice pour la circonscription de Dartford et rejoint alors *J.Lyons and Co.* Aux élections de 1950 et 1951, elle tente de se faire élire dans le bastion travailliste de Dartford que le parti lui a assigné mais échoue, réduisant néanmoins de 6000 voix l'avance travailliste. En 1950, elle est à 24 ans, la plus jeune femme candidate du pays.[10]

Elle commence des études juridiques. Elle rencontre à cette époque Denis Thatcher (1915-2003) .Ils se marient en décembre 1951[11].Ils ont des jumeaux en 1953, Mark et Carol. La même année, elle devient barrister spécialisée en droit fiscal.[12]

Elle tente à plusieurs reprises d'obtenir l'investiture du parti dans des circonscriptions conservatrices et, en 1958, elle est choisie pour être la candidate conservatrice au Parlement dans la circonscription de Finchley. Après avoir consciencieusement fait campagne, elle remporte l'élection en 1959 et entre pour la première fois à la Chambre des communes. C'est le début d'une carrière politique très rapide. Elle sera élue sans discontinuer aux Communes jusqu'en 1972.Elle est très remarquée lors de son premier discours à la chambre. La première loi qu'elle proposa et fit voter le 5 février 1960 était en faveur de la liberté de la presse pour

[8] *Ibid.*,p. 28 et p. 29

[9] *Ibid.*,p. 27

[10] Margaret Thatcher.*The path to power.*Londres :Harper Collins Publishers Ltd,1995 ,Traduction française :Evelyne Chatelain,Hervé Denès,Michelle Gibault,Philippe Mortimer et Serge Quadruppani ,*Les chemins du pouvoir,Mémoires II.*Paris :Albin Michel ,1995 ,p . 74

[11] Jacques Leruez.,*Le Phénomène Thatcher.*op. cit. p.36

[12] *Ibid* ,P. 38

relater les délibérations des conseils municipaux .C'est à cette occasion qu'elle rencontre Keith Joseph, qui restera très proche d'elle et l'influencera fortement.[13]

A la faveur d'un remaniement en septembre 1961, elle devient Paliamentary Secretary auprès du ministre des retraites. Elle conserve son poste jusqu'au départ des conservateurs du pouvoir en 1964.Elle soutient alors Edward Heath à la tête du parti tory contre Reginald Maudling. De 1964 à 1970, elle occupe la fonction de porte-parole de son parti à la Chambre des communes. En 1966, elle rejoint le Trésor dans le « Cabinet fantôme »conservateur.

Quand Edward Heath remporte les élections générales en 1970, elle est sans surprise choisie comme ministre de l'éducation et de la science. Sa politique est marquée par la volonté de protéger les « grammar schools » (sélectives et spécialisées) contre les « comprehensive schools »(généralistes)ce qu'elle ne parviendra pas à faire. Elle défendit également l'Open University, système d'enseignement à distance que le chancelier de l'échiquier voulait supprimer. Devant couper dans les dépenses de son ministère, elle supprime la distribution gratuite de lait pour les enfants de sept à onze ans, prolongeant la politique de Labour qui l'avait supprimée au lycée. Cela suscita une importante vague de protestations et lui valut le quolibet : « Thatcher, Thatcher, Milk Snatcher ».[14]

Après la défaite des conservateurs aux élections de 1974, elle devient *shadow* ministre de l'environnement.

Après avoir méthodiquement travaillé les députés, de même qu'elle travaille méthodiquement les électeurs de sa circonscription, et à la surprise générale, elle devance Heath au premier tour et ce dernier se retire au profit de William Whitelaw. Thatcher l'emporte malgré tout, par 146 voix contre 79 ; le 11 février 1975, elle prend la tête du parti.[15]

---

[13] Margaret Thatcher,*Les chemins du pouvoir ,Mémoires II*.op.cit.p. 108
[14] On pourrait le traduire approximativement par « celle qui arrache le lait aux enfant »

Pendant son mandat à la tête du parti tory, elle persiste dans une attitude anticommuniste, en particulier lors de discours comme celui de Kensington le 19 janvier 1976 où elle accuse les Soviétiques d'aspirer à la domination du monde et de sacrifier le bien-être de leur population à cette fin.[16]Cela lui valut le surnom de « Dame de fer », donné par le journal du ministère de la Défense soviétique, *L'Etoile rouge* et popularisé par Radio Moscou.

C'est dans un contexte marqué par une crise à la fois économique, sociale, politique et culturelle que Margaret Thatcher mena les conservateurs à la victoire le 3 mai 1979(43,9% des voix et 339 élus, contre 36,9% aux travailleurs et 269 élus), devenant le lendemain la première femme à diriger le gouvernement d'un pays occidental. Le nouveau Premier ministre était relativement peu connue de ses concitoyens : elle dirigeait le Parti conservateur depuis 1975 seulement et n'y avait pas auparavant occupé de poste véritable de premier plan. Se décrivant elle-même comme « un dirigeant politique de convictions », elle entend mettre en pratique un programme, appuyé sur quelques principes fondamentaux, pour enrayer le déclin du pays .Elle avait énoncé les grandes lignes de son programme et comptait l'appliquer mettant fin aux revirements de Heath. Elle déclara ainsi dans un discours le 10 octobre 1980 : « la dame ne fait pas demi tour ».[17]

Les électeurs britanniques lui donnèrent la majorité à trois reprises, lui confiant le plus long mandat de Premier ministre au Royaume-Uni depuis XVIIIe siècle.

En 1982, sa situation était difficile et sa popularité faible. La guerre des Malouines restaura cependant son autorité morale et le Falkland Factor (Facteur des Malouines) joua un rôle important (mais pas primordial) dans sa réélection .Elle est alors un personnage charismatique, à l'aura semblable à celui du général de Gaulle selon l'historienne Monica Charlot .[18]Néanmoins, pour l'historien Philippe Chassaigne, c'est surtout l'amélioration de la situation économique qui explique cette réélection.[19]Les tories obtiennent finalement 397 députés sur 635 en 1983.[20]

En 1987, les tories remportent à nouveau la victoire mais avec une moindre avance puisqu'ils gagnent 375 sièges sur 650.[21]Les travaillistes sont à chaque fois distanciés,

---

[15].Conférence de presse de Margaret Thatcher à la suite de la victoire,Fondation Margaret Thatcher
Press Conference after winning Conservative Party Leadership
11 février 1975
Conservative Central Office ,Smith Square,Westminster
Source :BBC Sound Archive
[16] « Britain Awake », discours à l'hôtel de ville Kensington,le 19 janvier 1976 ,Fondation Margaret Thatcher
[17]« *The lady is not turning* »,Conservative Party Conference ,Brighton,10 octobre 1980,Fondation Thatcher
[18] Delas .*Ibid.*,p 156
[19] Philippe Chassaigne.*La Grande Bretagne dans le monde de 1815 à nos jours* .Paris :Armand Colin ,2003,p277
[20] François Charles Mougel. *L'Angleterre au XX e siècle*.Paris :Ellipses ,1996,p 90

en nombre de sièges mais surtout sur le terrain des idées .Michael Foot, le dernier « archéo-travailliste », laisse la place à des leaders plus modérés en 1983.[22]

Après avoir démissionné le 28 novembre 1990 du 10 .Downing Street, elle est sans surprise nommée pair du Royaume-Uni en 1992 comme « baronne Thatcher of Kesteven », sur proposition de son successeur conservateur John Major, et siège depuis lors à la Chambre des Lords.

Attachée à ses convictions chrétiennes , conservatrices et libérales , invoquant la souveraineté britannique , la protection de l'intérêt de ses administrés et les principes de droit , elle mena une politique étrangère marquée par l'opposition à l'URSS , la promotion de l'atlantisme , la guerre des Malouines en 1982 ou la promotion d'une Europe libre-échangiste au sein de la communauté européenne .Sa politique économique , fortement influencée par des idées issues du libéralisme économique , fut marquée par d'importantes privatisations , par la baisse de la pression fiscale, la maîtrise de l'inflation et du déficit et l'affaiblissement des syndicats.

Elle reste associée à la « révolution conservatrice »des années 1980 et à l' « ère de révolution » idéologique qu'elle lança.[23]Encore aujourd'hui, cette « bête politique », bien que controversée, est revendiquée à la fois par les conservateurs et les travaillistes, sa vision de la Grande-Bretagne ayant influencé durablement le paysage politique britannique, comme des figures de gauche telles que Tony Blair .Le député Mandelson a ainsi déclaré à propos des politiciens britanniques « Nous sommes tous des thatchériens ».[24]

---

[21] *Ibid*
[22] Mougel.*Ibid.*,1996,p 93
[23] *Ibid.* ,pg 90
[24] Peter Mandelson,*The Times* ,10 juin 2002

TITRE I -Margaret Thatcher, « la Dame de Fer », une opposante au régime communiste en Europe de l'Est

CHAPITRE I- Margaret Thatcher,une opposante à l'idéologie communiste

En 1976, le Parti travailliste était au pouvoir. Quand Mme Thatcher a pris le pouvoir en tant que Premier ministre du Royaume-Uni, le pays était frappé depuis une décennie par une grave crise économique, sociale, politique et culturelle avec, entre autres,30 millions de journées de grève en 1979 .Le gouvernement tory d'Edward Heath avait entrepris une politique réformatrice vite abandonnée et caractérisée par ses « *U-turns* »(volte-face)permanents. Le gouvernement travailliste d'Harold Wilson est élu en 1974 avec une majorité relative et doit s'allier pour former des majorités fragiles ;la situation est marquée par une ambiance d'instabilité et de déclin.[25]

L'interventionnisme est à l'ordre du jour avec de nombreuses nationalisations et 29 ,3% de la population active employée dans le secteur public.[26]La fiscalité est élevée : la tranche marginale d'imposition sur les revenus du capital est alors de 98% et celle sur les revenus de 83%.[27]Ainsi, en 1966, The Beatles sortent une chanson intitulée *Taxman* dans laquelle ils dénoncent cette fiscalité qui les imposent au taux marginal de 96%.[28]Le collecteur qui intervient dans la chanson demande à être félicité pour leur laissé 5%de leurs revenus et promet de tout taxer.

La situation économique est telle que le pays est surnommé « l'homme malade de l'Europe » et certains économistes se demandaient si l'on n'assistait pas à un phénomène de *retrodevelopment* (« développement inversé »), par lequel l'ancien « atelier du monde » serait en train de prendre la voie de sous-développement.[29]Les nationalisations se multiplient et le chômage passe de 2,6 % en 1974 à 8,1 % en 1979 .L'économie britannique se désindustrialise de plus en plus .L'inflation croit encore, passant de 9% par an sous le gouvernement conservateur à 15% par an sous le gouvernement travailliste.[30]En 1976, le gouvernement doit demander un prêt de 4 milliards $ au FMI. Le rejet de l'austérité salariale par les syndicats de fonctionnaires débouche sur l' « hiver du mécontentement ».Il choque l'opinion publique britannique et prépare le succès du discours radical de Margaret Thatcher.[31]

---

[25] François-Charles Mougel .op.cit.1996,p. 104
[26] Delas.*ibid*,p 158
[27] *Ibid.*
[28] Steve Turner, *L' intégrale Beatles :les secrets de toutes les* chansons (A hard Day's Write),Hors Collection ,1999 ,p 285
[29] Déclaration du ministre travailliste Jack Straw en 2004
[30] Mougel.Ibid.p 105

Dans son discours « Britain Awake » tenu à Kensington Town Hall le 19 janvier 1976, Margaret Thatcher déclare :

« Le premier devoir d'un gouvernement est de protéger ses citoyens contre les agressions extérieures, de garantir la survie de notre mode de vie .Elle se pose également la question si le gouvernement actuel travailliste est en train de remplir ce devoir ».

Dans ce discours, elle montre que la menace stratégique extérieure contre la Grande Bretagne et ses alliés, par un pouvoir expansionniste, est plus grave que jamais depuis la deuxième guerre mondiale. Elle continue son discours en rajoutant que les militaires nous avertissent que l'équilibre stratégique joue contre l'Otan et l'Ouest. Mais les socialistes n'écoutent pas .Ils ne veulent pas comprendre que les missiles et les sous- marins que les Russes construisent peuvent être utilisés contre nous.

Peut-être que quelques personnes dans le Parti travailliste pensent que nous sommes du même côté que les Russes ! Mais regardons ce que font les Russes. L'URSS est dirigé par une dictature , des hommes déterminés et avisés qui sont en train de faire de leur pays la plus grande puissance navale et militaire que le monde ait connu .Ils ne font pas ça seulement pour l'auto-défense .Non .les Russes veulent dominer le monde , et ils sont en train d'acquérir tous les moyens pour devenir la nation la plus puissante que le monde ait connue. Pour Margaret Thatcher, l'idéologie communiste est une idéologie pseudo-pacifique.

Elle continue dans son raisonnement en rajoutant que l'Occident doit tenir compte de ceux qui comme Alexandre Soljenitsyne, nous rappellent que nous sommes en train de se battre dans une Troisième Guerre Mondiale depuis 1945 –et que nous sommes en train de perdre du terrain.

 Elle se pose la question que si nous regardons les batailles de l'année dernière, la liste des pays qui ont perdu la liberté ou mis en danger par l'Union Soviétique, pouvons-nous renier que Soljenitsyne a raison.

Les Russes veulent dominer le monde. C'est pour cette raison qu'ils sont intervenus dans différents pays du tiers monde. Des pays comme Angola, Vietnam, Indochine ont été engloutis par des par des agressions communistes. Nous avons regardé ce que les communistes ont fait du Portugal, notre allié le plus ancien, une tombe ouverte pour le pouvoir–un signe que beaucoup de

---

[31] *Narrating Crisis :The Discursive Construction of the « Winter of Discontent »*,Colin Hay ,in Sociology,vol 30 ,no 2,pp 253-277,1996

batailles de la Troisième Guerre Mondiale ont été combattues à l'intérieur des pays occidentaux.

Elle réaffirme que maintenant l'URSS et ses satellites dépensent de l'argent , des armes et des troupes de bataille en Angola dans l'espoir de la faire traîner dans le bloc communiste. Nous devons se rappeler qu'il n'y a pas de règles de Queensbury dans cette compétition qui continue encore. Les Russes jouent pour gagner. Ils ont un grand avantage–les batailles se déroulent dans notre territoire, pas dans le leur.

Elle continue déterminée dans son raisonnement en rajoutant que dans le Parti Conservateur, nous croyons que notre politique étrangère doit être basée sur l'entente étroite avec notre allié traditionnel, l'Amérique. Pendant la semaine de la Conférence d'Helsinki, M.Zarodov, un idéologue connu Soviétique, écrivait dans la Pravda, sur la nécessité pour les Partis communistes de l'Europe Occidental d'oublier les compromis tactiques avec les Socio-démocrates, et d'être plus offensifs pour ramener la Révolution du Prolétariat. Plus tard, M.Brejnev a fait une déclaration dans laquelle il donnait son consentement personnel à cet article.[32]

Ce discours reflète bien les convictions politiques anti-communistes de la Dame de Fer. Elle est devenue Premier Ministre de la Grande-Bretagne lorsque la Guerre Froide franchissait la phase de la détente. L'Union Soviétique était dirigé par Leonid Brejnev et les Etats-Unis par Jimmy Carter.

Margaret Thatcher est restée une opposante à la politique menée par l'Union Soviétique. Elle considère que cette politique est agressive et contre la Détente contre la diminution des armements dans les deux camps de la guerre froide.

Elle s'engage de toutes ses forces en faveur de l'installation des euromissiles américains à portée intermédiaire, les Pershing II et les Cruise, destinés à contrer les SS 20. Au départ, il n'était prévu de n'en installer qu'en RFA.L'opinion allemande était des plus partagées. Elle craignait de voir les vertes campagnes allemandes transformées en champ de bataille de nucléaire entre les deux « super-grands ».Courageusement le président Helmut Schmitt avait fait le choix de ne pas céder au chantage du « *lieber rot als tot* » *(Plutôt rouge que mort)* qui sévissait dans les rue.

Mais il ne voulait pas être le seul à supporter le poids politique du réarmement .Mme Thatcher fut la première à accepter de prendre sa part du fardeau. Dés 1979, malgré la résurgence du MND (*Movement for Nuclear Desarmement*) ,qui revendiquait plus

---

[32] Discours « Britain Awake » ,19 janvier 1976 ,Kensington Town Hall,Fondation Margaret Thatcher

de 500000 [33]adhérents, elle fit savoir que l'Angleterre accueillerait des Cruises sur ses bases notamment à Greenham et Molesworth .Sur cette question ,jamais elle ne cédera aux pressions de la rue. Elle ne succombera pas davantage aux sirènes melliflues des diplomates du pacte de Varsovie qui proposaient de geler le déploiement des armes à portée intermédiaire (INF),en d'autres termes d'établir définitivement la domination soviétique et de priver d'une bonne part de sa crédibilité la doctrine de la riposte graduée alors en vigueur au sein de l'Alliance .Elle n'acceptera pas davantage « l'option zéro » , qui constituait à faire disparaitre toutes les armes INF d'Europe car c'était consacrer la supériorité conventionnelle du pacte de Varsovie. Bref, elle sera toujours le meilleur élève de la classe américaine car, suivant ses mots devant l'Assemblée Générale de l'ONU à New York , le 23 juin 1982, « le danger fondamental que court la paix n'est pas l'existence d'armes de tel ou tel type .Il réside dans la disposition dont font preuve certains Etats à imposer des changements à d'autres nations et non pas « dans la course aux armements », qu'elle soit réelle ou imaginaire (...) .Je ne crois pas que les armements soient cause des guerres ,ni qu'il suffise de les réduire (...)pour éviter les guerres » .[34]

Le 4 février 1981, alors que Mme Thatcher était allée rencontrer M.Van Agt à La Haye, un journaliste de la télévision hollandaise lui demanda son opinion sur l'opposition croissante aux missiles Cruise qui agitait les Pays-Bas et l'Allemagne.Mme Thatcher répondit ainsi :

> Je souhaite parfois que ceux qui s'opposent (aux missiles Cruise) consacrent tous leurs efforts à dire à l'Union Soviétique :Regardez !Vous avez des armes nucléaires stratégiques les plus modernes, les SS 20 .(...).Vous les dirigez sur chacun des pays d'Europe .Vous augmentez leur nombre au rythme de plus d'un par semaine .Est-ce que vous vous attendez sérieusement à ce que nous regardions faire sans réagir ?Si vous ne voulez pas que nous ayons des missiles Cruise en Europe, pour vous dissuader d'utiliser vos propres missiles ,alors démantelez les vôtres !Rangez –les !Acceptez d'être inspectés afin que nous sachions ce que vous êtes en train de faire !(...)Je connais les inquiétudes. Je n'aime pas, moi non plus, les armes nucléaires, mais je tiens à ma liberté et à celle de mes enfants , et à celle de leurs enfants, et je suis décidée à ce qu'elle dure .[35]

Selon Mme Thatcher, dans son livre de Mémoires, l'Otan a toujours été une alliance défensive entre démocraties de type occidental. Elle a été fondée en avril 1949 en réaction à l'agressivité croissante de la politique soviétique, illustrée à l'époque par le coup de Prague ou le blocus de Berlin. Bien que les Américains soient la principale puissance au sein de l'Otan, les Américains ne peuvent, en définitive, que persuader

---

[33] Jean-Louis Thériot.*De l'épicerie à la chambre des Lords*.Paris :Editions Fallois, 2007,p 359
[34] *Ibid* ,p 360
[35] Margaret Thatcher .*10 Downing Street ,Mémoires* .op.cit.p 231

leurs alliés et non les contraindre. Le but à peine voilé des Soviétiques a toujours été, jusqu'au moment où l'Allemagne réunifiée a décidé de rester dans l'Otan, de brouiller l'Amérique et ses Alliés Européens. Le Pacte de Varsovie a toujours été, dès sa fondation en mai 1955, un instrument entre les mains de la puissance soviétique.

En Hongrie en 1956 et en Tchécoslovaquie en 1968, les Soviétiques ont montré que tout mouvement susceptible de menacer leurs intérêts militaires en Europe orientale serait écrasé sans pitié ni remords.[36]

Les Soviétiques exercèrent également une pression croissante sur les Polonais. Un nouveau rassemblement, le syndicat Solidarité, défiait le monopole des communistes et avançait ses propres revendications.

A la fin de l'année 1980, les Américains étaient déjà persuadés que les Soviétiques projetteraient une intervention militaire directe afin d'écraser le mouvement de réformes, ainsi qu'ils l'avaient fait lors du « printemps de Prague »en 1968[37].La loi martiale fut décrétée à 0 heure le 13 décembre 1981 et un « Conseil militaire de Salut National »composé d'officiers supérieurs, fut constitué sous la Présidence du Premier Ministre, le Général Jaruzelski.

Les frontières étaient fermées, les lignes téléphoniques et télégraphiques coupées, le couvre-feu imposé, les grèves et les attroupements interdits, la radio et la télévision sévèrement repris en main.

Selon Mme Thatcher, cette situation était moralement inacceptable et elle soupçonne les Soviétiques d'être derrière ce coup d'état, avec l'intention de se servir de la répression pour favoriser en Pologne un retour au communisme pur et dur et à la subordination à Moscou ou bien était –ce au contraire, ainsi que l'affirmait le gouvernement Jaruzelski ; une mesure indispensable au retour à l'ordre et permettant donc d'éviter une annexion Soviétique ?[38]

 En 1979, l'URSS envahit l'Afghanistan. En avril 1978, le gouvernement afghan avait été renversé par un coup d'Etat d'inspiration communiste. Le gouvernement pro-soviétique qui l'avait remplacé se heurtait à une opposition générale qui annonçait la rébellion armée.

En septembre 1979, le nouveau Président Taraki, fut renversé à son tour et éliminé par son adjoint, Hafizullah Amin. Le 27 décembre Amin connut le même

---

[36] *Ibid* ,p 225
[37] *Ibid* ,p 232
[38] *IBID* ,p 233

destin et fut remplacé par Babrak Karmal, dont le régime était tenu à bout de bras par des milliers de soldats soviétiques.[39]

Les soviétiques, continue Mme Thatcher dans ces Mémoires, qui considéraient de longue date que l'Afghanistan avaient cherché à exercer une influence par le biais de prétendus « traités d'amitié ».

L'Occident redoutait depuis longtemps que les Soviétiques ne tentent une poussée vers les champs pétrolifères du Golfe .Et la crise de l'énergie fournissait à ces inquiétudes un motif supplémentaire.

Les Soviétiques, malgré leurs belles paroles de paix et d'amitié, avaient bâti une armée, dont la puissance excédait de loin leurs besoins défensifs. Leurs motivations immédiates, en Afghanistan, importaient peu : ils ne pouvaient ignorer, ce faisant, qu'ils menaçaient la stabilité du Pakistan et de l'Iran –déjà suffisamment déstabilisés par les ayatollahs –et qu'ils se plaçaient à moins de cinq cents kilomètres du détroit d'Ormuz.[40]

Après l'invasion de l'Afghanistan, elle soutient les sanctions américaines et le refus de la ratification des accords SALT II qui en résulte. Sans succès , elle invite les gymnastes britanniques à boycotter les Jeux Olympiques de Moscou, mais elle refuse que les vainqueurs soient couchés sur la List of honour comme il était habituellement d'usage .En matière de réarmement , elle fait largement appel au matériel américain .Concrètement , elle accepte que les vieux missiles Polaris soient remplacés par des missiles Trident II ,certes beaucoup plus performants , mais qui imposent à la flotte stratégique britannique de remplacer la totalité de ses sous-marins.[41]

Dans ses Mémoires, Mme Thatcher rajoute en ce qui concerne l'invasion de l'Afghanistan par les Soviétiques ,il existait un second « front » dans la Guerre froide –celui entre l'Occident et l'axe formé par l'Union Soviétique et le tiers monde .Lors de ses visites en Inde , au Pakistan, dans le Golfe, au Méxique et en Australie lui firent comprendre à quel point les Soviétiques avaient été affaiblis par l'invasion de l'Afghanistan .Cette dernière leur avait aliéné les pays islamiques en bloc, et ,à l'intérieur de ce bloc, avait accentué l'opposition des régimes conservateurs pro-occidentaux face aux Etats radicaux comme l'Irak et la Libye. D'un autre côté, des amis traditionnels de l'URSS, comme l'Inde, étaient fort embarrassés. Non seulement la situation permettait à l'Occident de forger une nouvelle alliance avec les pays islamiques pour lutter contre l'expansionnisme soviétique ; mais elle divisait

---

[39]*Ibid.* ,p 84

[40] I*bid* .,p 85

[41] Thiériot.*ibid.* ,p 359

également le tiers monde et affaiblissait ainsi la pression qu'il pouvait exercer sur l'Occident sur les questions d'économie internationale.[42]Dans ces circonstances, les pays qui avaient longtemps défendu leur propre forme de socialisme devaient, s'ils voulaient bénéficier de l'aide occidentale, envisager désormais une façon plus réaliste d'attirer les investissements occidentaux et s'engager dans une politique de libre-échange. Un modeste tremblement de terre pour l'instant mais qui allait transformer l'économie mondiale au cours des dix ans suivants.[43]

Il existait d'autres régions du monde où les Soviétiques pouvaient choisir l'agression de préférence à la diplomatie, s'ils parvenaient à prendre l'avantage. Le maréchal Tito, par exemple, était de toute évidence au terme de sa vie et l'occasion d'intervenir en Yougoslavie pouvait fort bien se présenter aux Soviétiques. Il importait de punir leur agression et de leur apprendre, même tardivement, que l'Occident ne se contentait pas de parler de liberté mais qu'il était prêt aux sacrifices pour la défendre.[44]

Mme Thatcher estime que la guerre froide n'avait jamais vraiment cessé, du moins du côté soviétique : tout au plus pouvait-on parler de différences de « degrés » .La Corée et le Vietnam, par exemple avaient connu des « variations climatiques » certaines. Mais elle savait que nous avions affaire à un conflit entre deux systèmes. En ce sens, l'analyse des idéologues communistes était juste :il y avait incompatibilité, même si, nos deux camps étant en possession des moyens de la destructions nucléaire, nous étions obligés de faire des compromis pour vivre ensemble. Nous devions à présent améliorer notre connaissance du système qui nous faisait face, et tenter d'établir des relations étroites avec ceux qui subissaient sans pour autant mettre en péril notre propre sécurité. Qu'il s'agisse de Guerre froide ou de guerre tout court, l'important est de bien connaître l'ennemi-ne serait-ce que parce qu'un jour l'occasion se présentera peut-être d'en faire un ami.[45]

---

[42] Margaret Thatcher.Mémoires ,1993,p 160
[43] *Ibid.,*p 161
[44] *Ibid,,*p 84
[45] *Ibid,,*p 380

CHAPITRE II-Selon Mme Thatcher, le communisme est un échec en termes économiques et humains

On appelle « thatchérisme »la politique économique de Margaret Thatcher. Le thatchérisme est avec le « reaganisme », son pendant américain à la même époque, l'un des principaux avatars de la « révolution conservatrice » que le monde a connu suite à la phase dépressionnaire qui s'ouvre avec les deux chocs pétroliers et la crise du keynésianisme.

Sa politique fut influencée par les valeurs « victoriennes » de travail, d'ordre, d'effort et de « self-help » qu'elle reçut dans son éducation et dont elle dit dans ses *Mémoires* qu'elles jouèrent un grand rôle dans son parcours. Dès ses années d'université, elle est en outre familière avec les idées libérales, à travers la lecture de *La Société ouverte et ses ennemis* de Karl Popper, *La Route de la servitude* ou, plus tard, *la Constitution de la liberté* de Friedrich Hayek.[46]Ce sera une source d'inspiration importante de sa pensée, avec les ouvrages libéraux que lui conseillera Keith Joseph.[47]De façon générale, le « thatchérisme » puise son inspiration politique et économique dans ces théories et dans celles de l'Ecole monétariste de Chicago, incarnée par Milton Friedman, de l'école de l'offre d'Arthur Laffer et de l'Ecole autrichienne connue à travers Friedrich Hayek.

---

[46] Margaret Thatcher. *Mémoires II,The path to power,:Les chemins du pouvoir*,op.cit.,pp 55-56, 63 et 84
[47] Ibid,p 55

Margaret Thatcher se revendiquait également antisocialiste et écrivit dans ses *Mémoires* :[48] « je n'ai jamais oublié que l'objectif inavoué du socialisme –municipal ou national- était d'accroître la dépendance. La pauvreté n'était pas seulement le sol nourricier du socialisme : elle en était l'effet délibérément recherché ».Dans un discours devant le Conseil central de son parti, en mars 1990, elle déclare : « Le socialisme a l'Etat pour credo. Il considère les êtres humains ordinaires comme le matériau brut de ses projets de changements sociaux ».[49]

Dans le livre de Peter Jenkins « La Révolution de Mme Thatcher et la fin de l'ère socialiste », Mme Thatcher s'exprime ainsi : « Le socialisme, c'est deux nations : les dirigeants privilégiés et les autres. Et on revient toujours à cela. Ce que j'essaie de créer, c'est une seule nation, où chacun sera propriétaire, ou au moins aura la possibilité de le devenir ».[50]

Dans son livre de Mémoires, Mme Thatcher rajoute que : « Ce système était fondé sur une idéologie qui modelait chaque individu et chaque institution en recourant à des techniques plus ou moins élaborées et brutales selon les cas. La preuve nous était donnée par la sauvagerie avec laquelle il traitait la toute petite minorité de gens qui osaient le remettre en question .Le sort des dissidents n'était pas seulement un sujet digne de la pitié ou de l'indignation de l'Occident : c'était une expression de la nature et des objectifs d'un système qui les considérait comme une véritable menace pour son existence.

Il n'était pas nécessaire d'écouter Alexandre Soljenitsyne pour connaître la vérité sur l'Union Soviétique-encore que, comme on le verra plus loin, ses paroles aient produit sur moi un effet puissant .Il suffisait d'analyser la prose de la *Pravda* pour apprécier comment les dirigeant soviétiques jugeaient la détente et l'initiative d'Helsinki qui en résultait :

La coexistence pacifique ne signifie pas la fin de la lutte entre les deux systèmes sociaux mondiaux. La lutte continuera (…) jusqu'à la victoire totale et finale du communisme à l'échelle mondiale.(La Pravda ,22 août 1973) .[51]

Mme Thatcher parle ainsi du régime communiste :« Un système fondé sur l'anéantissement des forces individuelles n'avait aucune chance de l'emporter, ainsi que le démontrent l'existence de gens tel que Soljenitsyne, Sakharov, Boukovski,

[48] Margaret Thatcher, 10 Downing Street ,Mémoires ,p 530
[49] Ibid., p 538
[50] Peter Jenkins. *Mrs Thatcher's Revolution :The ending of the socialist era* .Londres :Jonathan Cope Ltd,1987, Traduction Française :Eleonore Bakhadzé,Beranrd Ferry avec le concours de Michelle Irène Brudny de Launay et Georges Liébert,Editions Robert Lafont,*Mme Thatcher et la fin de l'ère socialiste*,Paris,1991,p 171
[51] Margaret Thatcher.*Mémoires II*.p 329

Ratushinskaya et les milliers d'autres dissidents et refuzniks .Il en résultait qu'à tout moment un individu pouvait se dresser contre le système même dont il s'était servi pour accéder au pouvoir ».[52]Et cette personne, elle l'a trouvée .C'est M Gorbatchev. ..

Le régime communiste est voué à l'échec. L'Union Soviétique est également une dictature du prolétariat. Beaucoup de personnes sont condamnées pour leurs opinions dissidents .Il n'ya pas de pluralisme politique, d'élections libres, de liberté d'expression et de religion.

Dans son discours tenu à Chelsea le 26 juillet 1975, elle veut attirer l'attention sur les Droits de l'homme comme critère supplémentaire permettant de situer la nature du régime communiste. Elle déclare : « Quand les dirigeants soviétiques jettent en prison un écrivain, un prêtre, un médecin ou un ouvrier pour le crime d'avoir parlé librement, nous ne devons pas seulement nous inquiéter pour des raisons humanitaires .Car ses actes révèlent un pays qui a peur de la vérité et de la liberté, qui ne peut pas se risquer à ce que son peuple jouisse des libertés qui pour nous vont de soi. Or, une nation qui refuse ces libertés à son peuple n'aura guère de scrupule à les refuser à d'autres ».[53]

Dans ces Mémoires, Mme Thatcher écrit ainsi : « les Droits de l'homme seraient, nous le savions déjà, le sujet de promesses verbales lourdes d'implications dans le « troisième volet » des entretiens d'Helsinki : la « coopération dans les domaines humanitaires et autres ».Mais je n'avais aucune confiance dans la bonne foi des Soviétiques : en fait, comme leur système tout entier reposait sur la répression, il était difficile de voir comment ils pourraient s'y conformer ».[54]

Mme Thatcher donne une telle appréciation au sommet d'Helsinki : « On considère aujourd'hui le sommet d'Helsinki de 1975 sous un angle favorable parce que les dissidents d'Union soviétiques et d'Europe de l'est firent de ses dispositions leur programme de combat dans leur longue lutte contre l'Etat communiste. Et d'ailleurs, en faisant des Droits de l'homme une question d'obligations internationales et non une loi de politique intérieure, le traité fournit aux dissidents un levier qu'ils utilisèrent à plein. Leur courage n'aurait toutefois guère compté sans la fermeté réaffirmée et le renforcement militaire qui suivit de la part de l'Occident, et en particulier des Etats-Unis .Ces mesures mirent un terme à l'expansion qui avait donné au communisme soviétique le prestige psychologique de l'inéluctabilité historique, exercèrent une pression extérieure sur les régimes communistes qui les

[52] Margaret Thatche.,*Les chemins du pouvoir* .p 381
[53] Discours à Chelsea,26 juillet 1975,Fondation Thatcher
[54] Margaret Thatcher.*Mémoires II.* p 331

détourna de la répression intérieure et encouragea les jeunes mouvements de résistance au communisme .Cet effet de tenaille-le renouveau occidental et les dissidents –fit plus que contrebalancer les avantages que les Soviétiques avaient retirés d'Helsinki en termes de légitimité accrue et de reconnaissance par l'Occident.Sans cela, Helsinki n'aurait été qu'un pas de plus sur la voie de la défaite ».[55]

Selon Mme Thatcher, le communisme en Europe de l'Est est un système qui a échoué en terme économique et humain et cela pour diverses raisons. L'Union Soviétique dépense 20% de plus que les Etats Unis dans la recherche et le développement militaire, 25% de plus dans l'armement et l'équipement ,60%de plus dans les forces nucléaires stratégiques .Les dix dernières années, la Russie a dépensé 50% de plus que les Usa dans la construction navale. Elle a également quadruplé ses sous-marins nucléaires. Les Russes en construisent un chaque mois.[56]L'Union Soviétique dépense beaucoup dans la défense. L'économie est dans un état pitoyable. M Gorbatchev essaie de redresser cette économie avec des réformes comme Perestroïka et Glasnost. Mais en vain …

Pendant le régime communiste en Europe de l'Est, une pénurie alimentaire et matérielle existe. Le peuple manque des choses, les plus importantes pour vivre. Mais ces peuples ont survécu, ils ont su avec beaucoup de courage, renverser ce régime qui les a suffoqués pendant un demi siècle.

Le fameux dissident Boukovski avait fait une remarque .Selon lui, chaque fois que les médias soviétiques avaient découvert qu'un aliment –les saucisses, par exemple – étaient néfaste à la santé, les Russes réagissaient immédiatement en disant :

Donc, c'est qu'ils sont à court de saucisses .Telles sont les conséquences imprévues du collectivisme.[57]

Les juifs habitant en URSS sont parmi ces personnes qui souffrent sous le régime communiste. Ils demandent de quitter ce pays dictatorial pour aller en Israël. Mme Thatcher a cet avis sur la question :

« La persécution continuelle et mesquine dont ils souffraient avait généré un héroïsme de tous les instants. Leurs convictions, l'expression de leur identité culturelle, se heurtait à toutes sortes d'obstacles, voire à une interdiction absolue .La discrimination était à l'oeuvre jusque dans leur travail –quand ils en trouveraient un .Donner des cours particuliers était la façon la plus facile de gagner sa vie. Un de

[55]*Ibid. ,*p 332
[56] Discours « *Britain Awake* », Kensington Town Hall,26 janvier 1976 ,Fondation Thatcher
[57] Margaret Thatcher. *10 , Downing Street.*p 405

leurs chefs, Iossif Begun, donna une petite Etoile de David à Mme Thatcher, qu'il avait sculpté dans la corne alors qu'il était en prison et qu'elle garde depuis.[58]

TITRE II-Face au défi communiste :alliances et messages pour la démocratie et la liberté

---

[58] *Ibid. ,*p 409

CHAPITRE I-Margaret Thatcher,une ambassadrice de l'Occident en Europe de l'Est(ses prises de position en faveur de la liberté)

Mme Thatcher visita la Roumanie, un pays du bloc de l'est en 1971.Elle rendit une deuxième visite en 1975.Elle décrit ainsi sa visite :

> A l'époque de ma deuxième visite, au début de septembre 1975,la Roumanie occupait une place unique dans le monde communiste .Marchant sur les brisées de son prédécesseur (désormais en disgrâce)Gheorghiu Dej Ceausescu s'était , apparemment sincèrement rendu à Prague pour exprimer son soutien au mouvement réformateur et avait vivement condamné la répression par les Russes.[59]Le point de vue occidental , que je partageais alors, était qu'il fallait apporte un appui discret à la Roumanie dans l'espoir que son exemple puisse conduire à une plus grande fragmentation de l'Europe orientale contrôlée par les Soviétiques .En fait,Ceausescu jouait un peu sans scrupule , exploitant tour à tour les tension Est-Ouest (entre l'OTAN et le pacte de Varsovie) et les rivalités au sein du monde communiste(entre l'Union Soviétique et la Chine) selon les nécessités du moment .[60]

En 1974 ,Ceausescu réunit sous son bonnet les fonctions de dirigeant du parti et de chef de l'Etat et du gouvernement .Selon ,Mme Thatcher, les Occidentaux n'ont pas vu avec clarté que Ceausescu représentait une régression non seulement vers le stalinisme ,dont il employait les méthodes , mais aussi vers le despotisme balkanique dont le népotisme et l'étalage de richesses et de pouvoir étaient les attributs essentiels.[61]

---

[59] Margaret Thatcher.*Mémoires II* .1995.p 332
[60] *Ibid.*,p333
[61] *Ibid.*

Mme Thatcher discuta avec Ceausescu de la menace soviétique et il lui fît un long compte rendu, fidèlement répété par les guides, les diplomates et les directeurs d'usines, des succès étonnants de l'économie roumaine. Il était fier du niveau de «l'investissement » qui, rapporté au niveau national, éclipsait sans aucun doute celui des pays occidentaux .Mme Thatcher pensa que les investissements effectués en dépit du bon sens sont un des traits caractéristiques des économies planifiées : la Roumanie, dont les habitants, en dehors de l'élite dirigeante vivaient dans la misère, investissait seulement plus que les autres en dépit du bon sens.[62]

Lors de sa visite en Roumanie, Mme Thatcher constata qu'elle se trouvait vraiment dans un pays communiste. Elle rendit visite à un institut spécialisé dans la recherche des polymères. Le guide n'était d'autre qu'Elena Ceausescu, qui s'adonnait déjà à une fantaisie personnelle égalant en absurdité celle de son époux : elle avait en effet décidé de remporter le pris Nobel de chimie pour ses travaux sur les polymères .Il apparut par la suite qu'elle aurait à peine pu distinguer un polymère d'un polygone. Mais, abritée derrière les défenses de la traduction et de la prolixité communiste, elle faisait un numéro tout à fait convaincant.[63]

Mme Thatcher visita également une usine où elle constata l'absence de syndicats.En fait des dirigeants communistes de l'usine étaient aussi les dirigeants syndicaux. Elle a tiré la conclusion que dans tout Etat socialiste, les syndicats étaient des institutions politiques et non ouvrières. D'ailleurs, lorsqu'elle a dîné avec les députés du « Parlement » roumain, on lui expliqua qu'il fallait être membre d'un syndicat agréé, c'est-à-dire communiste, pour se présenter aux élections parlementaires.[64]

Dans ses Mémoires II, Mme Thatcher s'exprime ainsi :

> Pour les sujets d'un pays communiste c'était une forme de terreur intellectuelle .Priver les êtres humains de leur intimité produit l'effet psychologique recherché :en faire des êtres repliés, introvertis et inaptes à la communication fondée sur la confiance mutuelle que permet la société civile .Ainsi, le communisme mettait des techniques élaborées au service d'une idéologie primitive propre à détruire non seulement les éventuels foyers d'opposition mais surtout l'ennemi fatal :la personnalité humaine .[65]

Pour Mme Thatcher, quels que soient les intérêts stratégiques de l'Occident, il fallait maintenir la pression en vue d'obtenir le respect des Droits de l'homme .Un groupe d'expatriés roumains lui avait envoyé la liste de cinq prisonniers politiques pour lui

---

[62] *Ibid*

[63] *Ibid.*

[64] *Ibid.*,p 334

[65] *Ibid*

demander de réclamer leur libération. A Bucarest, elle remit la liste aux Roumains et leur a dit que ces gens étaient emprisonnés à tort et devaient être libérés .Elle eut la joie de constater par la suite qu'ils l'avaient été.[66]

En 1984, Mme Thatcher a fait une visite en Hongrie, un autre pays du bloc de l'Est. A l'époque les relations avec les Soviétiques étaient si mauvaises que tout contact direct avec eux se révélait quasiment impossible. Mme Thatcher a compris que les Occidentaux devaient faire appel aux pays de l'Europe de l'Est pour progresser dans les relations diplomatiques avec l'Union Soviétique. Le vice-premier ministre de l'Hongrie, Marjai l'avait invité chez lui au nom de son gouvernement. Les Hongrois s'étaient engagés très en avant dans la voie d'une réforme économique, même s'ils étaient angoissés à l'idée qu'on puisse parler de capitalisme à leur égard. Il y avait des signes de libéralisations, bien que toute dissidence fût encore punie. Le slogan de Janos Kadar, Premier Secrétaire du Parti Communiste Hongrois était : « Celui qui n'est pas contre nous, est avec nous. »

Il se servait des liens économiques avec l'Ouest pour garantir à sa population un niveau de vie acceptable tout en affirmant constamment la fidélité de la Hongrie au Pacte de Varsovie, au socialisme et à l'Union Soviétique. En Hongrie, 60000 soldats soviétiques avaient été « temporairement »basés depuis 1948.[67]

Le 2 février, Mme Thatcher a rencontré le premier Ministre Lazar et Kadar. Le message principal qu'elle essaya de faire passer fut le suivant :

« L'Occident et , à titre principal le président Reagan rechercheraient sincèrement le désarmement .Nous souhaitons assurer notre propre sécurité , mais avec un niveau moindre d'armement , en particulier nucléaire .Le président Reagan avait été très déçu par la réaction des Russes à sa tentative de rapprochement .Il avait envoyé une lettre au président Brejnev où il lui faisait part du désir de paix qui animait l'Amérique .Il attendit impatiemment une réponse .Celle-ci mit longtemps à arriver :il s'agissait d'une lettre officielle type ,tapée à la machine ,brève, une fin de non-recevoir. Depuis lors, le président Reagan avait effectivement accru la force militaire des Etats-Unis, mais son but était d'améliorer les relations entre l'Otan et le Pacte de Varsovie. »[68]

Ce que Mme Thatcher a constaté en Hongrie, elle le résume ainsi dans ses mémoires :

---

[66] Ibid. ,p335
[67] Margaret Thatcher.*10 Downing Street,Memories*.p 383
[68] Ibid.,p385

« Les êtres humains dans les pays communistes, n'étaient absolument pas communistes mais refrénaient leur soif de liberté. Ma seule surprise –et ma seule déception –au cours de cette visite fut de voir à quel point la Hongrie elle-même était loin de posséder une économie libre .Il y avait des petites entreprises, certes, mais elles n'avaient pas le droit d'excéder une certaine taille. Les réformes économiques ne visaient pas à accroître la propriété foncière ou les investissements mais plutôt l'usage privé ou en coopérative des équipements d'Etat. »[69]

Elle écrit au Président Reagan pour lui faire part de ses impressions :

« L'expérience hongroise, s'opère dans des limites très strictes : un parti politique unique, une presse sous surveillance, un parlement fantoche, une propriété d'Etat, partout une alliance avec Moscou. Kadar et Lazar ont affirmé clairement que cet état de choses ne saurait changer. Je suis de plus en plus convaincue que nous serons davantage en mesure de progresser dans les négociations sur le contrôle de l'armement si nous parvenons d'abord à élargir la base de nos rapports avec l'Est. Mais je ne me fais aucune illusion : ce sera extrêmement difficile. Il s'agit d'un processus lent et graduel, durant lequel nous ne devrons jamais baisser la garde. Toutefois, je pense que l'effort doit être fait. »[70]

Dans ses mémoires Mme Thatcher rajoute :

> « Ma visite en Hongrie constitue le premier pas vers ce qui caractérisa la diplomatie britannique envers les nations captives d'Europe de L'Est .la première étape consistait à établir davantage de liens économiques et commerciaux avec les régimes existants, et à rendre ces derniers moins dépendants du système fermé du COMECON.
>
> Plus tard , nous fûmes appelés à mettre l'accent sur les droits de l'homme .Et , finalement , alors que la main mise des Soviétiques sur l'Europe de l'Est commençait à se relâcher , nous fîmes des réformes politiques internes la condition *sine qua non* d'une aide occidentale .Ma visite en Hongrie , qui inaugura cette stratégie diplomatique fructueuse , s'était révélée beaucoup plus importante que je n'aurais pu l'imaginer ».[71]

En novembre 1988, Mme Thatcher a visité la Pologne. Voilà les impressions de Mme Thatcher pour ce pays:

---

[69] *Ibid*
[70] *Ibid*
[71] *Ibid*

Si quiconque avait cherché une preuve de la justesse de la vision du président Reagan, il l'aurait trouver dans ce pays, où la foi catholique, la conscience nationale et l'échec économique s'étaient ligués pour dévoiler au grand jour la stérilité creuse du marxisme et ébranler les fondements de la domination communiste. j'avais accepter l'invitation du général Jaruzelski à me rendre en Pologne .J'avais toujours éprouvé la plus grande affection et admiration pour cette nation de patriotes indomptables , dont les Prusses , les Autrichiens et les Russes (aux xvIIIe et XIX e siècles), et les nazis et les communistes (au xx e siècle) avaient cherché en vain à éliminer les traditions et l'identité Je ne pouvais pas oublier les aviateurs polonais qui s'étaient battus avec la Royal Air Force contre le nazisme , ni comment une guerre commencée pour la liberté de la Pologne s'était **terminée en la laissant prise au piège de** la tyrannie .Mais, malgré toutes ces raisons , je pénétrais dans des eaux diplomatiques traîtresses ; et je le savais .[72]

Mon but en me rendant en Pologne était de poursuivre la stratégie à l'égard des pays du bloc de l'Est que j'avais envisagée pour la première fois en Hongrie en 1984.Je voudrais ouvrir ces pays –leurs gouvernements et leurs peuples –à l'influence occidentale, et exercer une pression en faveur du respect des Droits de l'homme et d'une réforme politique et économique.[73]

La Pologne était à la merci de l'Union Soviétique. La loi martiale est installée en 1981 et le syndicat Solidarité a été écrasé. Cela montre bien que la grande puissance a donné une bonne leçon à la Pologne.

Selon Mme Thatcher , le rôle de l'Occident –et surtout de tout dirigeant occidental de passage –était de donner du cœur au ventre aux anticommunistes , tout en les incitant à réagir avec une prudence calculée aux occasions qui leur étaient données d'améliorer leurs conditions et d'augmenter leur influence ;et dans les relations avec le gouvernement , il devait être de combiner les déclarations franches sur la nécessité de changements avec une attitude qui éviterait les conflits directs produisant un effet contraire.[74]

A la veille de la visite de Mme Thatcher en Pologne, le gouvernement polonais, avait fermé le chantier naval de Gdansk, le berceau de Solidarité. Le gouvernement justifiait cela avec la situation économique déplorable dans laquelle se trouvait le chantier.

Les communistes attendaient que Mme Thatcher serait forcée d'applaudir à la clôture de cette entreprise non rentable et de condamner la résistance de Solidarité, avec des arguments économiques « thatchériens ».[75]

---

[72] Ibid.,p.642
[73] *Ibid.*,p643
[74] *Ibid.*

Mme Thatcher pense que dans une économie où il n'y a pas de véritable marché, on ne peut pas vraiment calculer de « profits »et de « pertes ».Elle est convaincue qu'on ne peut demander à ces gens d'assumer le genre de responsabilité économique qu'on attend de l'économie occidentale à moins de leur accorder les libertés qu'on attend de la société occidentale.

Mme Thatcher, avant de fixer le calendrier de sa visite, avait consulté le Pape Jean-Paul II .Sa propre visite en Pologne, en juin 1987, avait donné l'impulsion majeure à la renaissance de Solidarité et à la volonté de réforme. Il était évident que le Vatican pensait que le voyage de Mme Thatcher pourrait être bénéfique.[76]

Pendant son séjour en Pologne Mme Thatcher s'est rendue à l'église Saint-Stanislas-Kostka où le père Jerzy Popielusko avait prononcé des sermons anticommunistes jusqu'en 1984, date à laquelle il avait été enlevé et assassiné par les agents de la Sécurité polonaise. L'église elle-même était bondée de gens de tous âges qui étaient sortis pour voir Mme Thatcher .Dans le père Popielusko, ils avaient manifestement trouvé un martyr et Mme Thatcher était persuadée que c'étaient ses convictions, plus que celles de ses assassins qui l'emporteraient en Pologne.[77]

Lors de son voyage en Pologne, Mme Thatcher a rencontré le général Jaruzelski. Il a dit à Mme Thatcher qu'il admirait la réforme des syndicats qu'elle avait fait adopter en Grande-Bretagne. Elle lui répondit qu'en Grande-Bretagne, les gens n'avaient pas besoin de s'en remettre aux syndicats pour exprimer leurs opinions politiques parce que les élections y étaient libres. Elle a rajouté que Solidarité était plus qu'un syndicat –c'était un mouvement politique dont on ne pouvait nier la puissance .Elle voulait que le gouvernement entre en discussions avec Solidarité.[78]

Pendant son séjour, elle a rencontré des membres de Solidarité, parmi eux Lech Walesa. Elle les a encouragés dans leur bataille d'entamer un dialogue avec le gouvernement communiste.[79]

En septembre 1990, Mme Thatcher a visité la Tchécoslovaquie, la Hongrie et la Pologne .En Tchécoslovaquie et en Hongrie, elle a rencontré des gens qui peu de temps auparavant étaient encore totalement exclus du pouvoir par les communistes et qui devaient maintenant s'attaquer à l'héritage communiste de faillite communiste, de pollution et de découragement.

---

[75] *Ibid.*
[76] *Ibid* .,p.644
[77] *Ibid.*,p.645
[78] *Ibid.*
[79] Ibid. ,p.646

Elle a été impressionnée par le discours inaugural du Président tchécoslovaque Havel. Il avait parlé de « la vie dans un environnement moral décomposé… dans lequel des notions telles que l'amour , l'amitié, la compassion , l'humilité et le pardon avaient perdu leur profondeur et leur dimension ».Il avait décrit la démoralisation que le communisme avait provoquée, comment « le précédent régime , armé de son idéologie arrogante et intolérante , avait réduit l'homme à une force de production et la nature à un outil de production .Par là, ils s'en étaient pris à leur essence même et à la relation mutuelle qui existait entre les deux ».[80]

Mme Thatcher avait une grande admiration pour M Havel. Selon elle, la Tchécoslovaquie avait la chance d'avoir le président Havel comme inspiration mais elle était non moins heureuse d'avoir Vaclav Klaus, économiste dynamique, partisan convaincu de la libre entreprise, comme ministre des Finances (aujourd'hui premier ministre de la République tchèque). Ensemble, ils étaient en train de rebâtir les fondements économiques et sociaux du pays .En dehors des problèmes évidents auxquels ils étaient confrontés, il y avait aussi la tension entre les éléments tchèque et slovaque de la République fédérale. Le premier ministre slovaque, M.Meciar a assuré Mme Thatcher que la Tchécoslovaquie demeurait un Etat fédéral et cela lui parut sensé jusqu'à ce que des progrès économiques plus importants aient été accomplis.[81]

Le président Havel voulait que les pays de l'Europe de l'Est entrent dans la Communauté aussitôt que cela serait matériellement possible .Il partageait également les idées de Mme Thatcher sur une Grande Chartre européenne et sur le CSCE.[82]

En Hongrie, Mme Thatcher a constaté que ce pays présentait trois avantages. Premièrement, des réformes économiques et un grand nombre de réformes politiques avaient été entreprises sous le précédent régime, communiste. Aussi la transition était-elle moins difficile et douloureuse. Deuxièmement, avec Jozef Antall, le pays étaient entre les mains sûres d'un conservateur authentique. Troisièmement, les Hongrois avaient réussi à maintenir une coalition gouvernementale au lieu de se diviser sur des points de désaccord mineurs.[83]

La tâche de réforme économique restait écrasante. Les Hongrois s'étaient attaqués aux questions clés concernant la propriété-la propriété de la terre, que les exilés et leurs familles voulaient récupérer -, et la privatisation de l'industrie. Il y avait aussi un

---

[80] Margaret Thatcher .*10 Downing Street*,Mémoires.p .674
[81] *Ibid.*,p.675
[82] *Ibid.*
[83] *Ibid.*

problème stratégique d'importance. Plus encore que la Tchécoslovaquie et la Pologne, la Hongrie voulait se débarrasser une fois pour toute de l'influence soviétique. Les anciens pays du bloc de l'est comme l'Hongrie, la Tchécoslovaquie et la Pologne voulaient sortir du Pacte de Varsovie et resserrer les liens avec l'Otan ou au moins avec l'Union de l'Europe occidentale.[84]

Un autre problème auquel les Hongrois, les Tchèques et les Polonais devait faire face était que leurs services de sécurité restaient profondément pénétrés par le KGB et que cela posait un obstacle majeur à une coopération pleine et entière avec l'Occident dans le domaine du renseignement. En Tchécoslovaquie, le gouvernement avait purement et simplement exclu les membres du parti communiste de l'ancien service de renseignements.[85]

Depuis le mois de mai 2004, les pays de l'Europe de L'Est comme la Pologne, la République Tchèque, la Slovaquie, la Hongrie sont devenus membres de l'Union Européenne et de l'Otan .Ces pays se sont efforcés d'effacer l'héritage communiste non seulement dans leur économie en adaptant l'économie du marché, mais aussi dans la politique et la vie quotidienne.

---

[84] *Ibid.*,p .675
[85] *Ibid.*,p.676

CHAPITRE II-Margaret Thatcher et son allié le Président Reagan ,leur collaboration contre le communisme en Europe de l'Est

Ronald Reagan

Ronald Wilson Reagan, né le 6 février 1911 et mort le 5 juin 2004, est un acteur et homme politique américain, qui fut élu quarantième président des Etats-Unis, de 1981 à 1989.

Le premier mandat de Reagan est marqué par la tentative d'attentat dont il est l'objet mais surtout par une nouvelle politique, les Reaganomics, basée sur une économie de l'offre .En politique internationale, la période est marquée par la crise des euromissiles ,la relance de la course aux armements et la hausse du budget militaire, pour financer notamment le projet d'Initiative de défense stratégique. Le second mandat de Ronald Reagan est marqué par la continuation de la croissance économique, tout juste ébranlée brièvement par le krach d'octobre 1987, par une inflation jugulée, un taux de chômage presque divisé par deux par rapport au pic de 1981-1983, et un taux de change du dollar au plus haut niveau sur les marchés boursiers. Sur le plan international, la course aux armements a accéléré la décomposition de l'URSS, marqué par le discours de Berlin appelant Mikhaïl Gorbatchev à faire tomber le rideau de fer, et conduit à la ratification du traité sur les forces nucléaires à portée intermédiaire.

Si Ronald Reagan est souvent perçu à l'étranger comme le grand vainqueur de la guerre froide[86], il est pour les Américains leur personnalité publique préférée, toutes catégories confondues, selon une enquête nationale réalisée pour la télévision en 2005, un an après sa mort.

---

[86] Philipe Valode.*Les présidents des Etats-Unis*.L'Archipel.2008 .p .187

Jean Pisany-Ferry, directeur de l'Institut Bruegel, décrit de telle façon leur avènement au pouvoir :

« Le xx siècle s'est terminé en 1989, avec la chute du Mur de Berlin, mais c'est dix ans plutôt, en 1979-1980 que le basculement a commencé avec l'arrivée au pouvoir de Margaret Thatcher et de Ronald Reagan.

La Révolution conservatrice .La vielle droite se présentait en garante de l'ordre ancien. Thatcher et Reagan en ont fait une force de changement, qui incarne ce que Marx appelait la force révolutionnaire du capitalisme. La leçon a été entendue dans le monde entier.

L'épuisement de l'URSS. Les thuriféraires de Reagan disent qu'il a gagné la guerre froide, ce qui n'est pas faux. En relançant la course aux armements

Contre une URSS à bout de souffle, il l'a mise à genoux et l'a incitée à entreprendre des réformes qui allaient dégeler le système ». [87]

Dans un article publié par Associated Press le 5 juin 2004, on décrit de telle façon leur relation :« Il l'appelait le meilleur homme de l'Angleterre ».Elle a dit une fois qu' « il était le deuxième homme le plus important de sa vie ».

---

[87] Jean Piasani-Ferry, *Ronald Reagan et Margaret Thatcher :Ils ont fait de la vielle droite une force de changement*,*Nouvel Observateur*,15 novembre 2007

Elle a été le premier Leader étranger à l'avoir félicité après son arrivée au pouvoir et leur relation très forte les a aidés à transformer le monde.

« Ronald Reagan a été le Leader qui a gagné la Guerre Froide pour la liberté et il l'a fait sans un coup de feu » a dit Thatcher le samedi portant le deuil pour « le politicien le plus proche et un de ses amis personnels »

Il a atteint beaucoup en dépit de toute attente avec tellement d'humour et d'humanité, tout cela ont fait de Ronald Reagan un véritable héros Américain »a ajouté Mme Thatcher.[88]Ensemble, ils ont fait équipe contre le bloc de l'est.

 Ronald Reagan a émergé comme un prétendant sérieux à la présidence américaine. Mme Thatcher était depuis peu chef du parti conservateur quand elle a rencontré le gouverneur Reagan en 1975.Elle avait entendu de son mari, Denis, qui à la fin des années 60, était rentré un soir enthousiasmé par un discours remarquable que Ronald Reagan venait de prononcer à l'Institut des dirigeants d'entreprise. Ayant lu le discours, Mme Thatcher a compris d'emblée ce que Denis voulait dire. Quand elle a rencontré Ronald Reagan, elle fut conquise immédiatement par son charme, son humour et sa franchise. Par la suite, elle lut ses discours. Il proposait des réductions fiscales pour relancer l'économie et accroître les richesses, et prônait une défense forte comme alternative à la détente. Mme Thatcher a pris connaissance de la plupart de ses interventions bimensuelles sur des radios et télévisions californiennes, que son attaché de presse lui envoyait régulièrement. Elle était d'accord en tout point .En novembre 1978, ils se sont rencontrés à nouveau dans le bureau de Mme Thatcher de la Chambre des communes.[89]

Au début de sa carrière, Ronald Reagan avait été rejeté par l'élite politique américaine –mais non par l'électorat – comme un franc-tireur de droite qu'on ne pouvait prendre au sérieux. A présent, les républicains les plus avertis voyaient en lui leur meilleure chance de reconquérir la Maison Blanche. Si Ronald Reagan avait acquis de l'expérience, ce n'était pas au détriment de ses convictions. Elles étaient plus fortes que jamais .Quand il prit congé, Mme Thatcher s'est dite que bien des choses seraient différentes si un homme de sa qualité devenait président des Etats-Unis. En novembre 1978, une telle perspective semblait bien lointaine.[90]

Le 2 février 1981, quand Reagan est devenu le Président ses Etats-Unis, il a envoyé une lettre à Mme Thatcher :

---

[88] *Reagan and Thatcher,political soul mates*,Associated Press,5 juin 2004
[89] Margaret Thatcher.*Les chemins du pouvoir,Mémoires II* ,1995 .p.348
[90] *Ibid*.p.349

« Vous avez raison que nous partageons le même avis sur la démocratie et la liberté. Cela est la chose la plus importante de la relation particulière entre nos deux pays, et cela constitue également des bases excellentes pour l'inauguration d'une période de coopération et de consultation proche entre votre gouvernement et mon administration. »[91]

Selon Mme Thatcher dans le livre de ses Mémoires, l'élection de Ronald Reagan fut d'une importance immédiate et fondamentale car elle démontrait que les Etats-Unis, la plus grande force de la liberté que le monde ait connue, comptait de nouveau affirmer pleinement sa prédominance dans les affaires mondiales. Elle n'a jamais douté de l'importance de ce changement ,et dès le début , elle a cru de son devoir de faire, tout son possible pour renforcer et favoriser l'audacieuse stratégie de Président Reagan visant à remporter cette Guerre Froide que l'Occident avait lentement mais surement perdue. Margaret Thatcher était le principal soutien de Président Reagan dans l'Otan.[92]

Margaret Thatcher prononce ce discours aux Etats-Unis sur la « Défense des libertés » :

> Nous savons depuis longtemps que les années 80-90 seront difficiles et dangereuses .Il y aura des crises et des épreuves. Mais je crois que les vents commencent à tourner en notre faveur. Le pays en voie de développement ont pris conscience des véritables objectifs des Soviétiques et de la réalité de leur vie. Il existe une nouvelle détermination au sein de l'Alliance Occidentale. Il y a une nouvelle direction en Amérique, qui redonne confiance et espoir à tous les pays du monde libre.[93]

Il n'y a pas eu beaucoup de fois où un premier ministre Britannique a été premier ministre pendant deux mandats consécutifs du même président des Etats-Unis .Il n'y eu que trois cas de figure jusqu'à nos jours.

Le premier a été Pitt le Jeune, qui a été à 10 Downing Street quand George Washington était président. Un autre a été Lord Liverpool qui a été premier ministre pendant la période du mandat de James Monroe. Et Mme Thatcher, rajoute dans cet article, qu'elle est la troisième. Elle a eu l'avantage de partager la présidence de Ronald Reagan. Elle se rappelle quand a appris de son élection comme président en 1980 .Ils sont rencontrés et ont discuté sur leurs points de vue politiques quand il était encore gouverneur de la Californie. Mme Thatcher a senti qu'ils pouvaient s'attaquer à des tâches formidables comme : redresser leurs pays, restaurer leur fierté et leurs valeurs et s'efforcer de créer un monde plus sûr et meilleur. Le

---

[91] Ronald Reagan,Lettre à Mme Thatcher,2 février 1981 ,Fondation Thatcher,Ma traduction
[92] Margaret Thatcher.*Mémoires* I .p.150
[93] *Ibid* .P.153

président Reagan a commencé son mandat quand l'URSS a envahi l'Afghanistan et a placé les missiles en Europe de l'Est dirigés vers les capitales de l'Europe de l'Ouest et assisté à des communautés de groupes du tiers-monde pour s'installer contre la volonté populaire .Tout l'Ouest avait été verrouillé dans une bataille de volonté avec les Soviétiques ,et il paraissait qu'il avait perdu du terrain .Le premier pas du président Reagan a été de changer la balance militaire .Il a construit la puissance Américaine dans une série de budgets de défense .Il y a eu des critiques disant que cela a été trop cher. Bon, une défense sûre et chère, mais pas aussi chère que pourrait être la faiblesse.

Le président Reagan a donné le soutien des Etats-Unis aux nations qui se battaient pour garder leur indépendance à l'égard de l'agression de l'URSS .Sa politique a eu trois grands succès :

-le retrait des troupes Soviétiques de l'Afghanistan

-la possibilité réelle du retrait des troupes cubaines d'Angola encouragée par la diplomatie constructive Américaine

-le retrait vietnamien du Cambodge[94]

Le 13 janvier 1982, il écrivait à Mme Thatcher :

« Dans notre rencontre à Ottawa le juillet dernier, j'ai parlé de la nécessité pour un meilleur contrôle sur le commerce avec l'URSS en ce qui concerne les biens stratégiques et les technologies comme nous continuons à avoir le même but de renforcer la sécurité Occidentale.

Nous sommes tombés d'accord de tenir un sommet Est-Ouest pour discuter sur ce thème. Ce sommet doit atteindre un consensus pour des contrôles plus fréquents qui devraient être renforcés et administrés .Pendant la dernière décennie, les exportations de l'Occident et les acquisitions illégales de l'URSS ont fait des contributions significatives à la capacité militaire de l'URSS et du pacte de Varsovie.

Ces contributions ont été rajoutées aux changements dans la balance militaire globale que nous devons redresser à un coût élevé. L'exportation incontrôlée de la technologie et de l'équipement pour l'infrastructure militaire de l'URSS doit s'arrêter. »[95]

---

[94] Margaret Thatcher,*Reagan Leadership :America's Recovery,One titan of history writes about another*,National Review ,30 décembre 1988
[95] Ronald Reagan à Mme Thatcher .13 février 1982 .Fondation Thatcher

Le 7 septembre 1983, il écrit à Mme Thatcher :

« L'acte barbare de l'URSS d'avoir abattu l'avion civile de Korean Airlines et d'avoir tué 269 personnes innocentes a fait surgir une grande tempête d'indignation mondiale. Au nom du peuple Américain, j'exprime au peuple Britannique mon chagrin et mes condoléances pour les pertes de vie de cet évènement tragique. Je dois dire que même des résidents d'Hong Kong ont péri. Je suis sous le choc par cet acte barbare et je sais que ce sentiment est partagé par mes compatriotes .Nos cœurs et prières vont à leurs familles, amis et personnes chères à ceux qui ont péri. C'est une tragédie pour eux et pour le monde parce que des vies innocentes ont été prises pour rien et cruellement.

Cela doit nous rappeler le besoin continu pour la coopération et le soutien parmi les amis du monde libre. Le défi que nous confrontons maintenant est comment, nous comme dirigeants nationaux et membres de la communauté internationale, pouvons répondre à cet acte contre la sûreté de l'aviation civile international que nous concerne tous. »[96]

Mme Thatcher a répondu le 11 septembre à Reagan :

« Cet incident a illustré bien la vraie nature du régime Soviétique, sa rigidité et cruauté, ses névroses d'espionnage et sécurité, son caractère mensonger et son incapacité pour comprendre l'application des règles normales de comportement civilisé entre les nations.

Cela a été une leçon pour tous ceux qui croient que la bonne volonté et que la raison peuvent être suffisantes pour assurer notre sécurité et la paix dans le monde. Je suis du même avis que vous pour continuer notre recherche pour des accords équilibrés avec l'URSS qui doivent[97] réduire la menace de guerre et relancer la sécurité internationale. Je suis convaincue que notre stabilité à long-terme est inaccessible à moins que l'URSS soit convaincue de notre force collective de volonté et de la compétence de nos défenses collectives. »

Margaret Thatcher et Ronald Reagan formèrent une bonne équipe parce qu'ils partageaient la même analyse de la façon dont le monde fonctionnait, même s'ils étaient des êtres différents. Ronald Reagan avait une compréhension aigue du panorama stratégique mais laissait les détails tactiques à d'autres. Margaret Thatcher était consciente qu'ils devaient gérer les relations avec les communistes au jour le jour de manière que les événements ne deviennent jamais incontrôlables.

---

[96] Ronald Reagan à Mme Thatcher.7 septembre 1983.Fondation Thatcher.Ma traduction
[97] Margaret Thatcher à Ronald Reagan,15 septembre 1983,Fondation Thatcher,Ma traduction

Les deux, ils étaient contre les idées communistes. Ils étaient tous les deux convaincus qu'une défense forte, était un instrument nécessaire, mais insuffisant, à l'éradication de la menace communiste. Au lieu de se contenter de contenir le communisme, selon la doctrine occidentale traditionnelle, ils souhaitaient une offensive de la liberté. Le Président Reagan plaidait, pour une campagne mondiale en faveur de la démocratie afin d'appuyer « la Révolution démocratique qui trouvait de nouvelles forces ».

Cela marquait une nouvelle orientation du combat de l'Occident contre le communisme et constituait le manifeste de la doctrine Reagan -l'exact opposé de la doctrine Brejnev-selon laquelle l'Occident n'abandonnerait pas les pays où le communisme avait été imposé par la force.

Ils partageaient la croyance sur la supériorité de la moralité des sociétés construites sur la libre entreprise et de l'impératif qui a suivi de la confrontation internationale avec la menace Soviétique. Ils étaient contents ensemble. Il admirait son sang-froid et son intelligence d'acier. Elle était sous le charme de sa bonne humeur et de ses belles manières. Mais leurs personnalités et la façon comment ils travaillaient, étaient différentes. Et les différentes manières comment ils répondaient aux évènements, conduisaient des fois à des tensions entre eux.

Tandis que Reagan donnait la direction générale à son administration et déléguait le détail de sa politique et son application, Thatcher pensait que la seule manière de garder ses ministres honnêtes, était de savoir autant qu'eux sur leurs départements.[98]

L'initiative de défense stratégique du Président Reagan qui inquiétait les Soviétiques, devait se révéler centrale dans la victoire de l'ouest dans la Guerre Froide. Bien que Margaret Thatcher ne partageait pas du tout l'opinion du Président selon laquelle l'IDS était un grand pas en avant vers la dénucléarisation mondiale –objectif qui ne lui paraissait ni réalisable ni souhaitable.

Rétrospectivement, la décision de Ronald Reagan apparaît à Madame Thatcher comme la plus importante de sa carrière. Les effets de l'IDS sur l'Union Soviétique seraient les suivantes :

Les Soviétiques reculeraient devant le défi de l'IDS et renonceraient à rechercher la supériorité militaire qui seule leur avait donné l'assurance nécessaire pour pouvoir résister aux demandes de réforme de leur propre système. Ronald Reagan raconte un dessin humoristique à Mme Thatcher, Brejnev disant à un général russe :

---

[98] *Reagan and Thatcher :A special relationship*,The Economist,10 juin 2004 ,Ma traduction

« Je préférais la course aux armements quand nous étions les seuls à y participer ».[99]

Margaret Thatcher et le Président Reagan sont restés proches même lorsqu'ils n'étaient plus au pouvoir. Le mandat Présidentiel de M Reagan est fini en 1988.

Dans sa lettre du 19 janvier 1989, Ronald Reagan a écrit à Mme Thatcher :

« Avant de quitter la Maison Blanche, je voudrais avoir l'occasion d'exprimer mes remerciements sincères pour le message de Sa Majesté et pour vos gentils mots. Les huit dernières années, notre partenariat a renforcé la capacité et la détermination de l'Alliance Occidentale pour protéger soi-même et la cause de la liberté partout.

Des prospectives améliorées du monde pour la paix et la sécurité, sont des idées que nous aimons –des idées que vous avez commencées à implanter en Grande – Bretagne il y a une décennie. Vous avez été une alliée inestimable, mais plus que ça, vous êtes une grande amie. C'était un grand honneur de travailler avec vous depuis 1981. »[100]

Mme Thatcher lui a répondu le 19 janvier 1989 :

« Vous avez été un grand président, un des plus grand, parce que vous avez représenté tout ce qui est le meilleur des Etats-Unis. Vos croyances, vos convictions, votre foi ont brillé sur tout ce que vous avez fait. Et votre courtoisie modeste était la caractéristique du vrai et parfait gentleman. Vous avez été un exemple et une inspiration pour nous tous. »[101]

Président Reagan est mort le 5 juin 2004 .Il était atteint de la maladie d'Alzheimer depuis 1994.Mme Thatcher a tenu un discours le 11 juin 2004 :

> Nous avons perdu un grand président, un grand Américain ,un grand homme et moi ,j'ai perdu an ami très cher.(…)Beaucoup ont prophétisé le déclin de l'Ouest. Il a inspiré l'Amérique et ses alliés avec une nouvelle croyance dans son mission pour la liberté.(…)Beaucoup espéraient une cohabitation difficile avec l'URSS .Il a gagné la Guerre froide ,non seulement sans un coup de feu ,mais également en invitant les ennemis à sortir de leur forteresse et en les transformant en amis Je n'imagine pas comment un diplomate ou un auteur dramatique pourrait améliorer ses propos dits à Mikhail Gorbatchev lors de la Conférence de Genève : « Laissez-moi vous dire pourquoi nous ne vous faisons pas confiance . »Ces mots sont candides et dures …Mais ils étaient aussi une invitation pour un nouveau début et une nouvelle relation basée sur la confiance.

---

[99] Margaret Thatcher.*Mémoires I* .p.391
[100] Ronald Reagan à Margaret Thatcher.19 janvier 1989 .Fondation Thatcher,Ma traduction
[101] Margaret Thatcher à Ronald Reagan,19 janvier 1989.Fondation Thatcher.Ma traduction

(…)Comme premier ministre , j'ai travaillé étroitement avec Ronald Reagan pendant huit ans (les plus importants de nos vies).Nous discutions régulièrement , avant et après sa présidence , et j'ai eu du temps et une raison pour réfléchir sur ce qui a fait de lui un grand président.(…)Il a averti que l'URSS avait une motivation insatiable pour le pouvoir militaire et l'expansion territoriale ,mais il savait que cela serait réduit par les échecs consécutifs des réformes impossibles .Il n'a pas hésité à dénoncer l'empire du mal de Moscou, mais il s'est également aperçu qu'un homme de bonne volonté pourrait surgir de ces couloirs sombres .Le président a résisté à l'expansion Soviétique et a appuyé sur chaque point faible de l'URSS jusqu'à ce que le communisme tombe sous les pressions et de ses propres défaillances. Et quand un homme de bonne volonté est surgi des ruines, le président Reagan a avancé pour lui serrer la main et lui offrir une coopération sincère.

(…)Avec le patriotisme Américain, il a soulevé le monde .Et aujourd'hui le monde, à Prague, à Budapest , à Varsovie et Sofia ,à Bucarest, à Kiev et à Moscou, le monde pleure le décès du grand libérateur , et fait écho à sa prière :Que Dieu bénisse l'Amérique ! [102]

Les peuples libérés du communisme en Europe de l'est lui seront reconnaissants pour la bataille qu'il a livrée contre ce système avec Mme Thatcher et bien d'autres collaborateurs. Il a laissé un grand héritage politique et ses mots prononcés à Londres au mois de juin 1988 seront inoubliables:

« Nous plaçons notre foi dans une loi suprême. . . nous estimons que l'humanité est destinée, non pas à être déshonorée par l'Etat tout-puissant, mais à vivre à l'mage et à la ressemblance de Celui qui nous a faits ».[103]

---

[102] Margaret Thatcher,Eulogy for President Reagan,11 juin 2004 ,Fondation Thatcher,Ma traduction
[103] Margaret Thatcher.*Mémoires I.*p.642

CHAPITRE III-Margaret Thatcher : « Gorbatchev et moi, nous pouvons faire affaire ensemble »

Mikhaïl Gorbatchev

Mikhaïl Sergueïevitch Gobatchev est né le 2mars 1931 à Privolnoïe dans l'actuel kraï de Stravropol, est un homme d'Etat soviétique et russe qui dirigea l'URSS entre 1985 et 1991.Résolument réformateur ,il s'engagea à l'extérieur vers la fin de la guerre froide, et lança à l'intérieur la libéralisation économique sous les noms de Perestroïka et de Glasnost. Impuissant à maîtriser les évolutions qu'il avait lui-même enclenchées, sa démission marqua le point final de l'implosion de l'Union Soviétique, précédée de deux ans par l'effondrement des démocraties populaires en Europe de l'Est.

Le magazine Times lui décerne le titre d'Homme de l'année en 1987, puis d'Homme de la Décennie en 1989 après la Chute du Mur de Berlin. En février 1988, il décide de retirer les troupes soviétiques d'Afghanistan. La décision devient effective un an plus tard.

En 1989 ,en visite officielle en Chine pendant les manifestations de la place Tian'anmen(avant leur répression),on sollicite son opinion sur la muraille de Chine : « Très bel ouvrage »,dit-il, « mais il ya déjà trop de murs entre les hommes ».Un journaliste lui demande : « Voudriez-vous qu'on élimine celui de Berlin » ?Gorbatchev répond très sérieusement « Pourquoi pas ?» .A propos des manifestants démocrates qui troublent son séjour, il déclare : « L'URSS a également ses têtes brûlées qui veulent changer le socialisme du jour au lendemain. »

En 1990, il reçoit le Prix Nobel de la paix pour sa contribution à la fin de la guerre froide.[104]

En 1984, le Premier Secrétaire du Parti Communiste Soviétique Andropov est mort. Il fût remplacé par Tchernenko. Le but de Mme Thatcher était d'envisager une nouvelle stratégie visant à établir des relations plus étroites avec l'Union Soviétique.

Elle voulait renforcer les contacts personnels avec les dirigeants Soviétiques. Geoffrey Howe voulait inviter M Tchernenko en Grande Bretagne, mais Mme Thatcher pensait qu'il était encore tôt. Elle voulait connaître plus précisément les intentions du nouveau leader. Elle était désireuse de rencontrer d'autres

---

[104] Source Wikipedia et Encyclopédie Universalis

personnalités. Son cabinet lança quelques invitations, y compris à l'adresse de M Gorbatchev.[105]

M Gorbatchev est arrivé avec sa femme Raïssa, le 16 décembre 1984 en Grande-Bretagne. Pendant leurs discussions, M Gorbatchev a dit à Mme Thatcher qu'il était intéressé par les cultures qu'il avait aperçues en se rendant à Chequers et ils échangèrent des réflexions sur les systèmes agricoles respectifs. M Gorbatchev s'était occupé de la question de l'agriculture pendant de nombreuses années et avait apparemment abouti à de modestes progrès en réformant les fermes collectives. Toutefois, jusqu'à 30% des récoltes étaient perdues à cause d'une mauvaise distribution.

Pendant leur première rencontre M Gorbatchev et Mme Thatcher échangèrent leurs points de vus sur leurs systèmes .Il parla des programmes économiques du système soviétique, du retour à des projets industriels plus modestes, des vastes travaux d'irrigation et de la façon dont les planificateurs adaptaient la capacité industrielle à le force de travail afin d'éviter le chômage M Gorbatchev nia que tout était centralisé en URSS. Mme Thatcher a ajouté que dans le système occidental tout le monde, y compris les plus démunis, recevait tôt ou tard plus qu'il n'en pourrait attendre d'un système qui dépendait uniquement de la redistribution. Elle a expliqué à M Gorbatchev qu'en Grande Bretagne, ils s'efforçaient de réduire les impôts afin de favoriser l'initiative permettant de créer des richesses et d'être compétitifs sur les marchés mondiaux. M Gorbatchev souligna la supériorité du système soviétique. Non seulement il générait de plus hauts taux de croissance mais les Soviétiques étaient heureux. Mme Thatcher a dit que les soviétiques ne pouvaient circuler librement.[106]

Mme Thatcher rajoute que si elle était restée au contenu des remarques de M Gorbatchev –à savoir la ligne marxiste –elle pourrait conclure qu'il était issu du même moule communiste que ses prédécesseurs. Mais rien n'était plus éloigné du ventriloquisme des apparatchiks soviétiques ordinaires que cet homme. Il souriait, riait, accompagnait ses paroles de grands gestes, jouait de ses intonations, ne perdait jamais le fil du débat et se montrait pugnace.

A la fin Mme Thatcher finit par comprendre que c'était son style, bien plus que sa rhétorique marxiste, qui exprimait sa personnalité. Elle commençait à l'apprécier.[107]

---

[105] Margaret Thatcher.*Mémoires I.*p. 387
[106] *Ibid.*,p.388
[107] *Ibid.*,p.389

Un autre sujet important de leurs discussions était sur le contrôle des armes. Mme Thatcher a dit que les deux systèmes devaient cohabiter, avec moins d'hostilité et des niveaux d'armes réduits.

Elle a ajouté que, sans doute parce qu'ils étaient la dernière génération d'hommes politiques à se souvenir de la Seconde Guerre mondiale, ils avaient le devoir d'éviter tout nouveau conflit.

M Gorbatchev brandit une page entière de *New York Times* où il y avait un diagramme représentant la puissance explosive des armes des deux superpuissances par rapport à la puissance explosive disponible au cours de la Seconde Guerre mondiale. Il maîtrisait parfaitement l'argumentation alors en vogue contre la menace d'un « hiver nucléaire » résultant de la confrontation nucléaire.[108]

Mme Thatcher a dit, plutôt que le concept d'hiver nucléaire, c'était d'éviter la catastrophe qui le précéderait .Quoi qu'il en soit, le but des armes nucléaires était d'éviter la guerre, et non de la déclencher. Ces dernières avaient fournis le meilleur rempart contre la guerre que nous ayons jamais connue. Le même résultat était possible avec des niveaux d'armements moindres. M Gorbatchev déclara que si les deux camps continuaient d'amasser des armes, cela pourrait entraîner des accidents ou des circonstances imprévues, or, avec l'actuelle génération d'armes, le temps de prendre une décision pouvait se compter en minutes.[109]

L'autre point important était la défiance soviétique à l'égard des institutions de l'administration Reagan en général et de leur programme IDS en particulier.

Selon Mme Thatcher, le Président Reagan souhaitait la paix.IL a même envoyé une lettre au président Brejnev pour lui faire part du désir de paix .Les Etats-Unis n'ont jamais voulu dominer le monde .Les américains avaient toujours utilisé leur puissance avec modération et fait preuve d'une générosité exceptionnelle à l'égard d'autres pays.

Mme Thatcher a rajouté que tout en étant très favorable au développement de l'IDS, elle ne partageait pas l'opinion du Président Reagan selon laquelle c'était un moyen de débarrasser le monde des armes nucléaires. Cela lui paraissait un rêve inaccessible –il est impossible de supprimer le savoir qui préside à la fabrication de ces armes.

---

[108] *Ibid.*,p.390
[109] *Ibid.*,p.390

En lui disant au revoir, Mme Thatcher a espéré d'être entretenue avec le prochain leader Soviétique .Car, comme elle déclara par la suite à la presse, c'était là un homme avec lequel elle pourrait traiter.[110]

Dans son interview accordé à la BBC, le 17 décembre 1984, Mme Thatcher déclare :

« Je suis prudemment optimiste .M.Gorbatchev me plaît .Nous pouvons faire affaire ensemble. Nous croyons tous les deux dans nos systèmes politiques .Il croit avec insistance dans le sien .Nous ne pouvons pas changer l'un l'autre. Cela n'est pas en cause, mais nous avons deux grands intérêts en commun :Nous devons faire tout le possible que la guerre ne recommence pas de nouveau et de ce fait, nous devons aller dans les discussions concernant le désarmement ,déterminés qu'ils aboutissent. Et deuxièmement, je pense que nous croyons tous les deux que les discussions pourraient aboutir si nous construisons la confidence et la confiance à égard l'un de l'autre ,et donc, je crois qu'on peut coopérer dans les matières de commerce, dans les matières de la culture et les échanges entre les politiciens des deux côtés. »[111]

M Tchernenko mourut en mars 1985 et fut presque immédiatement remplacé par M Gorbatchev. Il apporta un nouveau style au gouvernement Soviétique.[112]Il parla ouvertement de l'état de l'économie, même s'il continuait de recourir aux méthodes inaugurées par M Andropov, à savoir encourager le rendement plutôt que les réformes radicales.[113]

La politique soviétique recourait en permanence à des slogans. Sous M Gorbatchev , les slogans changèrent radicalement « perestroïka »(reconstitution)avait remplacé « ouskorenie »(accélération), ce qui était plus que révélateur du changement radical que M Gorbatchev coptait imposer à l'économie, laquelle se cantonnait pour l'instant dans le centralisme , la discipline et le rendement. De même, l'irruption du mot « glasnost » (transparence) montrait bien qu'il avait compris que, tant qu'on cacherait certains faits et certaines vérités, la situation ne pourrait pas évoluer.

Au cours de deux années qui suivirent l'arrivée au pouvoir de M Gorbatchev, les réformes politiques furent plus manifestes que les résultats économiques .Même si rien ne prouvait vraiment que l'économie soviétique se redressait, on parlait de plus en plus de démocratie et de la nécessité d'une liberté politique.[114]

---

[110] *Ibid.,*p.391
[111]Interview de Mme Thatcher à la BBC ,le 17 décembre 1984,Fondation Thatcher
[112] Margaret Thatcher.*Mémoires I.*p.395
[113] *Ibid.,*p.396
[114] *Ibid.,*p.400

Mme Thatcher s'est rendue en URSS pendant les mois de mars et avril 1987.Avant de s'y rendre, elle a tenu ce discours au Conseil central du parti conservateur à Torquay le 21 mars 1987 :

« Les discours de M Gorbatchev admettent, selon nous, clairement que le système communiste ne marche pas. Loin d'aider l'Union soviétique à rattraper l'Occident, ce système le maintient à la traîne. Nous entendons un nouveau langage dans la bouche des dirigeants. Des mots que nous comprenons , comme « ouverture » et « démocratisation ».Mais ont-ils le même sens pour eux que pour nous ?Une partie des personnes emprisonnées pour leurs convictions politiques ou religieuses ont été relâchées .Nous nous réjouissons .Mais il en reste encore beaucoup en prison ou à qui l'on refuse la permission d'émigrer. Nous voulons qu'elles soient libérées et qu'elles puissent retrouver leurs familles à l'étranger, si c'est là leur souhait. (…)En me rendant à Moscou pour rencontrer M Gorbatchev la semaine prochaine, je compte rechercher une paix fondée non pas sur l'illusion, mais sur le réalisme et la force.(…)La paix exige de la confiance entre les pays et les peuples. La paix signifie l'arrêt des massacres au Cambodge et en Afghanistan .Elle signifie le respect des engagements pris librement par l'Union Soviétique dans l'accord d'Helsinki de 1975, à savoir de libre circulation des personnes et des idées ainsi que d'autres droits de l'homme fondamentaux.

(…)Nous fonderons nos jugements non sur les mots, non sur les intentions, non sur les promesses, mais sur des actions et des résultats. »[115]Lors de sa visite en URSS, Mme Thatcher s'est rendu compte que le pays n'était pas libre. Tout était centralisé et contrôlé par l'Etat.

Lors des discussions avec M Gorbatchev, elle a dû aborder des questions relatives aux interventions Soviétiques dans les pays du tiers monde, des prisonniers politiques, l'élimination des armes nucléaires. Mme Thatcher a accordé une interview à la Télévision Soviétique qui ne subit aucune coupe lors de la diffusion, ce qui lui a fait comprendre que la preuve de sa confiance dans l'intégrité de M Gorbatchev, n'était pas déplacée.[116]

Durant sa visite en URSS, Mme Thatcher avait senti la terre trembler sous le système communiste. La phrase de Tocqueville selon laquelle « l'expérience apprend que le moment le plus dangereux pour un mauvais gouvernement est d'ordinaire celui où il commence à se réformer » lui revint à l'esprit.[117]

---

[115] *Ibid.*,pp.402,403
[116] *Ibid.*,p.408
[117] *Ibid.*,410

TITRE III-LA CHUTE DU COMMUNISME EN EUROPE DE L'EST ET LE SCEPTISME DE MME THATCHER A L'EGARD DE LA REUNIFICATION ALLEMANDE

CHAPITRE I-LA REUNIFICATION ALLEMANDE ET LE SCEPTICIME DE MME THATCHER

Plus que tout autre épisode, la chute du mur de Berlin signe la faillite du régime communiste. Certes, il ya eu d'autres « murs » dans l'histoire, mais aucun n'a eu la signification de celui construit à Berlin. Dans l'ancienne Chine, la muraille élevée autour du pays avait pour fonction de défendre le pays contre les invasions étrangères. Le Limes autour de l'Empire romain était un ensemble de fortifications destinés à protéger le territoire contre les barbares du nord, des nomades au sud.[118]

Tous ces murs ont une fonction défensive .Ce qui n'est pas le cas de celui de Berlin. Il a été édifié en 1961 pour mettre fin à l'exode des Berlinois et des Allemands de la République démocratique allemande(RDA) qui voulaient passer à l'Ouest .Mais la décomposition du régime communiste en URSS et les soubresauts des démocraties populaires, de la Pologne surtout ,ont suscité une telle onde de choc que le mur de Berlin a cédé sous la pression populaire ,précipitant la fin de la RDA et l'unification des deux Allemagnes. Cette chute a signé la fin non seulement des régimes communistes à l'Est mais aussi de la division que l'Europe connaissait depuis la fin de la Seconde Guerre mondiale.[119]

L'Occident a tendance à conserver dans sa mémoire, émotive et schématisée, la « Chute » du mur comme un moment héroïque, une sorte d'effondrement des murailles de Jéricho sous les coups de boutoir de manifestants courageux, polonais et est-allemands, combattants de la liberté. Et comme le point de départ de la fin de l'URSS.E[120]n réalité , et ceci n'enlève rien au grand courage des Polonais de

---

[118] Marc Ferro .*Le mur de Berlin et la chute du communisme expliqués à ma petite fille*. Editions du Seuil.Paris .2009.p.9
[119] *Ibid.* ,p.10

Solidarnosc (face à l'URSS de Brejnev), la « chute » du mur a été un aboutissement plutôt qu'un point de départ :celui de la désagrégation d'un régime condamné dès mars 1985,comme les autres « démocraties populaires » , par la décision historique de Gorbatchev de ne jamais recourir à la force pour maintenir les régimes communistes en Europe de l'Est .Condamné aussi par l'incapacité de ces régimes à profiter des années 1985-1989 pour se réformer –si c'était encore possible –puisqu'ils prétendaient avoir déjà fait leur perestroïka !

Le 9 novembre 2009, les Allemands fêtaient le 20 ème anniversaire de la chute du mur de Berlin. Le 9 novembre 1989, le mur de Berlin tombait, entraînant dans sa chute l'empire soviétique et le communisme. Vingt ans plus tard, les principaux acteurs de cette page d'histoire se sont retrouvés, samedi à Berlin, en guise de prélude aux célébrations de cet événement .L'ancien chancelier allemand Helmut Kohl (79 ans), ex-numéro un soviétique Mikhaïl Gorbatchev (78 ans) et l'ancien président américain George Bush père (85 ans) ont partagé leurs souvenirs de cette période charnière de l'histoire. Les trois retraités de l'époque de la guerre froide ont mis sur le compte de leurs excellentes relations personnelles le succès de cet événement. C'est à Mikhaïl Gorbatchev, le plus alerte, qu'il est revenu de mentionner les deux grands absents , dont les pays occupaient Berlin-Ouest avec les Etats-Unis .Il s'agit de l'ancienne première ministre britannique Margaret Thatcher .Agée de 84 ans, elle est atteinte d'Alzheimer. Pour sa part, le président français François Mitterrand est mort en 1996.

> Thatcher, Mitterrand et moi-même nous défendions la position qu'il fallait deux Allemagne(…) J'en suis désolé, Helmut .Nous n'avions pas de bonnes relations au début- a dit Mikhaïl Gorbatchev le 9 novembre 2009. [121]

Mme Thatcher essaya en secret d'empêcher la réunification suivant la chute du mur de Berlin. Les documents officiels sortis de Foreign Office révèlent que la Dame de fer préférait le Rideau de fer à une Allemagne forte. Ils étaient six héros de cette période fascinante qui a conduit à la réunification allemande : Mikhaïl Gorbatchev et Edouard Shevardnadze , George Bush et James Baker , Helmut Kohl et Hans - Dietrich Genscher. Les doutes de la Dame de fer sur la réunification allemande étaient déjà connus, mais le mois dernier la décision de British Foreign Office pour ouvrir les archives concernant la réunification allemande révèlent l'antipathie profonde pour la réunification possible de l'Allemagne .Les documents publiés révèlent que Mme Thatcher a dit secrètement au président Soviétique Gorbatchev que sa première

---

[120] Hubert Vedrine ,*Réunification allemande :au plus près des faits* ,2octobre 2009 ,Fondation François Miterrand

[121] Radio Canda .ca www.radio-canada.ca consulté le 24.02.2011avec Agence France Presse et Associated Press

priorité était la stabilité de l'URSS. Deux mois avant la chute du mur de Berlin, Thatcher a dit au leader Soviétique que « ni la Grande Bretagne, ni l'Europe Occidentale ne voulaient la réunification de l'Allemagne », et elle a demandé à Gorbatchev de faire tout ce qu'il pouvait pour l'empêcher .Thatcher a dit que la déstabilisation de l'Europe de l'Est et la décomposition du Pacte de Varsovie n'étaient pas dans les intérêts de l'Occident.

« Nous ne voulons pas une Allemagne réunifiée » a-t-elle dit. « Cela va conduire à un changement des frontières et nous ne pouvons pas permettre cela parce que un tel développement pourrait miner la stabilité de toute situation internationale et cela mettrait en danger notre sécurité .Elle a rajouté qu'elle ne souhaitait pas l'instabilité de l'URSS ».

Elle a également admis que tout ce qu'elle a dit en privé était différent des discours officiels de l'Occident et les communiqués officiels de l'Otan et Gorbatchev ne devaient pas leur donner de l'importance .Thatcher a cherché le soutien du président Mitterrand pour empêcher la réunification .Dans les archives Britanniques , Thatcher avait dit au président Français qu'une Allemagne réunifiée pourrait « dominer » la Pologne ,la Tchécoslovaquie et la Hongrie laissant pour les autres la Roumanie et la Bulgarie.[122]

Selon M.Hubert Vedrine, Mme Thatcher était alors vraiment inquiète de la réunification ; François Mitterrand n'était que préoccupé. Mais comme elle refusait la relance européenne portée par François Mitterrand et Helmut Kohl, elle n'avait pas d'option de rechange.

Comme M. Gorbatchev, M .Bush et Mme Thatcher, François Mitterrand et M.Helmut Kohl ont joué chacun leurs rôles légitimes, spécifiques et au final complémentaires. Globalement la réunification a été bien gérée. Les désaccords franco-allemands transitoires et compréhensibles n'ont empêché ni Maastricht, ni les larmes de M. Kohl à Notre Dame.[123]

Pour Mme Thatcher, les conséquences de la réunification allemande étaient décisives. Elle voulait que l'URSS soit incluse. Charles Powell décrit les relations entre Mme Thatcher et M .Gorbatchev comme étant très particulières. Toutefois, elle demandait une conférence entre les Quatre Puissances avec la participation des deux états Allemands. Avec le dialogue quatre plus deux, la réunification allemande devait être incluse dans le nouvel ordre européen.[124]

---

[122] Fraser Cameron ,*We do not want unification –Margaret Thatcher 's irrational hatred of a united Germany ,The Atlantic Times ,octobre 2009*

[123] Hubert Vedrine,*Réunification allemande :au plus près des faits .Fondation François Mitterrand .2 octobre* 2009

Mme Thatcher avait deux grandes craintes en ce qui concerne la réunification allemande. Une Allemagne réunifiée pourrait être capable de renforcer l'Union Européenne, et une Union Européenne plus forte pourrait accroître la puissance de l'Allemagne. La position de Mme Thatcher n'était pas différente de celle de la droite conservatrice de l'opinion Britannique, exprimée par les membres du Parlement, que l'Allemagne avait le projet d'utiliser la Communauté Européenne de dominer le continent.

Tandis que Mme Thatcher a exprimé ses soupçons publiquement, le président Français les a tenus secrets. Le président Mitterrand était déterminé pour le projet européen, et en échange de sa bénédiction pour une Allemagne réunifiée, il était capable de demander à M. Kohl, son engagement dans l'Union Economique et Monétaire Européenne. C'est ça que Mme Thatcher craignait.

> Les problèmes ne peuvent pas être surmontés en renforçant la Communauté Européeenne .Les ambitions de l'Allemagne pourraient dans ce cas devenir dominants et actifs a-t-elle dit en février 1990.

Les craintes de Foreign Office que Sir John Fretwell, les a exprimés avec de la prévoyance en 1989, sont devenues réalité.

> Si nous essayons de rester contre le réunification allemande, nous pouvons entrer en conflit avec la République Fédérale de l'Allemagne et beaucoup de nos alliés ,y compris les Etats-Unis .Si la Grande- Bretagne ne donne pas l'impression qu'elle partage la vision d'une Europe Unie ,les Allemands pourraient aller de l'avant sans nous dans les questions principales de la politique Européenne .[125]

Mme Thatcher pense que depuis l'unification de l'Allemagne sous Bismarck –peut être en partie parce que l'unification nationale s'est faite si tard- l'Allemagne a oscillé de manière imprévisible entre l'agression et le doute sur elle-même.[126] Les voisins immédiats de l'Allemagne, tels que les Français et les Polonais, sont plus profondément conscients de cela que les Britanniques, sans parler des Américains, même si un souci identique conduit ces mêmes voisins à s'abstenir de commentaires qui risqueraient de dénoter de l'insensibilité .Les Russes en ont une conscience aigüe, eux aussi, quoique dans leur cas le besoin de crédits et d'investissements allemands ait eu jusqu'à présent un effet apaisant.[127]

---

[124] Cold War :Horst Teltschik diary (Charles Powell explains MT's point of view on German unification),Fondation Thatcher

[125] Ben Knight et Rob Mudge.*Germany's neighbors try to redeem their 1989 negativity.*Deutsche Welle .8 novembre 2009 www.dw-world.de consulté le 24.02.2011

[127] Margaret Thatcher.*Mémoires I.*p.656

Mais les premiers à reconnaître l'existence d'un « problème allemand » sont peut-être les Allemands d'aujourd'hui, dont la grande majorité est déterminée à ce que l'Allemagne ne soit pas une grande puissance capable d'agir aux dépens d'autrui. La véritable origine de l'Angst allemand est l'angoisse de se connaître soi-même. C'est une des raisons pour lesquelles –à tort, selon Mme Thatcher, que beaucoup d'Allemands voudraient voir l'Allemagne enfermée dans une Europe Fédérale. En fait, dans un tel cadre, l'Allemagne aurait plutôt plus que moins de chances de dominer, car une Allemagne réunie est tout simplement trop grande et trop puissante pour n'être qu'un auteur comme un autre en Europe.[128]

Ainsi, par sa nature même, l'Allemagne est un facteur de déstabilisation que de stabilisation de l'Europe. Seuls les engagements militaires et politiques des Etats-Unis et les relations étroites entre les deux autres états souverains, les plus puissants d'Europe –la Grande Bretagne et la France-suffisent à équilibrer la puissance allemande et rien de cela ne serait possible dans un super état européen.[129]

Pendant son entretien avec le président Américain George H . Bush, Mme Thatcher lui a fait part, de sa crainte pour la stabilité des frontières, da la réunification et de la nécessité de soutenir le dirigeant Soviétique, tant de choses dépendaient de son maintien au pouvoir.[130]Les Américains ont soutenu la réunification Allemande basée sur quatre principes :

1-Ils recherchaient de l'autodétermination sans préjuger de ses conséquences.

2-l'Allemagne devait non seulement demeurer dans l'OTAN (ce que Mme Thatcher approuve)

3-mais elle devait faire partie d'une Communauté Européenne plus intégrée (ce que Mme Thatcher désapprouve)

4-l'unification serait pacifique, graduelle et ferait partie d'un processus par étapes. Il fallait appliquer les principes de la Résolution d'Helsinki et en particulier en ce qui concerne les frontières. Ce que Mme Thatcher approuve.[131]

Dans un entretien entre le président Américain et le chancelier Allemand Helmut Kohl, ce dernier lui expliqua son programme en 10 points.

> « Nous faisons partie de l'Europe et continuerons à faire partie de la Communauté Européenne .J'ai toujours eu ce projet avec le président

---

[128] *Ibid.*,p.657
[129] *Ibid.*,p.657
[130] *Ibid.*,p.660

[131] *Ibid.*,p.661

Mitterrand.(...)L'intégration en Europe ,c'est une pré-condition pour que le changement en Europe de l'Est soit effectif.(...)Le CSCE (l'Acte Final d'Helsinki)stipule que les frontières doivent être changées par des moyens pacifiques .Je ne veux pas que Gorbatchev soit contrarié.(...)En ce qui concerne Thatcher, ses idées sont pro-Churchill. Elle pense à ce que la période d'après guerre n'a pas pris fin .Elle pense que l'histoire n'est pas juste.L'Allemagne est riche et la Grande Bretagne est en train de se battre.Ils ont gagné une guerre ,mais ont perdu un empire et leur économie .Elle a fait un mauvais choix .Elle doit essayer de lier les Allemands dans la Communauté Européenne ».[132]

[132] Entretien entre le président des Etats-Unis Geoge H.Bush et le chancelier allemand Helmut Kohl au Château Stuyvenberg à Bruxelles le 3 décembre 1989 ,Fondation Margaret Thatcher www.margaretthatcher.org consulté le 24.02.2011

CHAPITRE II-LA CHUTE DU COMMUNISME VUE PAR MARGARET THATCHER

A la fin de l'été 1989, apparurent les premiers signes d'un effondrement imminent du communisme en Europe orientale. Au début juin, Solidarité remporta les élections en Pologne, et le général Jaruzelski accepta les résultats.[133] Le 9 décembre 1990, Lech Walesa est élu à la tête de la Pologne. Quelques mois plus tard, Jean-Paul II reçoit un accueil triomphal dans son pays natal (14-15 août 1991 à Czestochowa), lui qui, malgré ses devoirs papales , a su jouer son rôle dans la chute du communisme à la perfection. Les élections totalement libres du 27 octobre 1991 confirment la volonté des Polonais d'accéder à la liberté. Certes, la situation économique qu'hérite le gouvernement de Solidanorsc est dramatique .Mais impossible n'étant pas dans le langage des Polonais, c'est avec un sentiment satisfait d'avoir réalisé le plus grand événement d'après guerre que la population va se consacrer à la création d'un Etat souverain fort, destiné à occuper la place qui lui revient de droit sur la scène européenne te mondiale.[134]

La libéralisation suivait son cours en Hongrie, laquelle ouvrit ses frontières avec l'Autriche en septembre, libérant un flot de réfugiés d'Allemagne de l'est. L'hémorragie de population en provenance de ce pays et les manifestations de Leipzig conduisirent à la chute d'Erich Honecker. La démolition du Mur de Berlin commença le 10 novembre. Le mois suivant, c'était le tour de la Tchécoslovaquie. A la fin de l'année Vaclav Havel, le dramaturge dissident qui avait été incarcéré en février , fut élu Président de Tchécoslovaquie et le « sinistre » Ceaucescu fut renversé en Roumanie.[135]

Malgré toutes ces avancées, l'URSS n'a pas pu surmonter la crise économique et sociale qui a frappé le pays au début des années 1980. Le problème venait du fait que

---

[133] Margaret Thatcher.*Mémoires* I.p.655
[134] La chute du communisme.www.solidarnosc.free.fr/Elections.htm consulté le 24.02.2011
[135] Margaret Thatcher.*Mémoires* I.p .655

le système soviétique était irréformable en soi. La Perestroïka était donc condamnée dès le début. Gorbatchev n'avait pas la capacité politique pour pousser les réformes jusqu'au bout. Mais sa stratégie a déclenché la fin de l'URSS ,ce qui était complètement imprévu.[136]

En décembre 1991,Léonid Kravtchouk , devient Président de l'Ukraine et plus que 90% des ukrainiens se prononcent en faveur de l'indépendance de leur pays .Kiev demande à tous les pays du monde de reconnaître son indépendance de Moscou.Le 7 décembre 1991, les leaders des trois pays fondateur de l'Urss , Chouchkevitch, Kravtchouk et Eltsine , respectivement de Biélorussie , Ukraine et Russie, se réunissent en Biélorussie à Belovejsk pour discuter de l'avenir de l'URSS. Eltsine présente le nouveau traité sur l'Union Soviétique proposé par Gorbatchev, mais refuse le signer avant Kravtchouk, qui refuse à son tour.

En décembre est fondée la CEI (Communauté des Etats indépendants) ;quelques jours plus tard les autres pays de l'ancienne URSS la rejoignent , à l'exception de la Géorgie et des pays baltes .Le 25 décembre , le Président de l'Union Soviétique Gorbatchev annonce dans un interview télévisé qu'il démissionne de son poste. Le jour même, il parle avec Eltsine de son propre avenir et transmet les codes de déclenchement de l'arme nucléaire, le symbole du pouvoir présidentiel en Russie. Ainsi l'URSS cesse d'exister.[137]

Mme Thatcher ne pensait pas qu'il serait facile ni indolore d'imposer la démocratie et la libre entreprise.

> Certains pays libérés ou en voie de libéralisation pouvaient s'appuyer sur des traditions de liberté plus fortes que d'autres. Mais il était trop tôt pour savoir quelles sortes de régimes en sortiraient .De plus, l'Europe centrale et orientale –et plus encore l'Union Soviétique– étaient une mosaïque compliquée de nations. La liberté politique provoquerait aussi des querelles ethniques et de remises en cause de frontières, dont certaines avaient changé plusieurs fois en une génération .La guerre n'était pas à exclure.[138]

Mme Thatcher estime également que les changements attendus qui avaient lieu s'étaient produits parce que l'Occident était resté fort et résolu –mais aussi parce que M Gorbatchev et l'Union Soviétique avaient renoncé à la doctrine Brejnev. Elle pense que la survie prolongée d'un gouvernement réformateur, modéré en URSS dépendrait l'avenir des nouvelles démocraties.

---

[136] Dumitru Drumea. *Gorbatchev et Perestroïka :des objectifs initiaux aux conséquences inattendues* .www.nouvelle-europe.eu consulté le 24.02.2011
[137] *Ibid*
[138] Margaret Thatcher .*Mémoires I.*p.656

Mme Thatcher continue à penser au passé –en 1956 en Hongrie et en 1968 en Tchécoslovaquie –ce qui s'était passé quand les démocrates étaient descendus dans la rue en croyant que l'Occident entrerait dans la danse pour les aider à résister aux Soviétiques et s'étaient ensuite retrouvés abandonnés. Selon elle, il était trop tôt pour être sûr que les nations captives étaient définitivement libérées de la captivité ; leurs ravisseurs soviétiques pouvaient encore montrer les dents .Il était donc essentiel d'avancer prudemment et d'éviter toute mesure qui serait prise pour de la provocation par la direction politique ou par l'armée soviétique.[139]

---

[139] *Ibid*

CONCLUSION

Mme Thatcher a vu le jour le 13 octobre 1925 dans une famille méthodiste, conservatrice et patriote. Les trois adjectifs ne vont pas nécessairement ensemble ; dans l'entre-deux-guerres, Les Méthodistes sont souvent pacifistes et de gauche. Rien de tel chez les Roberts. Le père, épicier, prédicateur et un temps, maire de la ville, inculque à sa fille quelques principes- « Ne fais jamais quelque chose sous prétexte que les autres le font »-et lui laisse quelques préceptes de bon sens –« Le gouvernement doit faire ce que ferait toute bonne ménagère à court d'argent : examiner les comptes et rectifier les erreurs ».

Elle voit en sa ville natale « *un endroit comme il faut* », où on travaille, où on économise, où même les pauvres sont dignes. Margaret Thatcher, qui avoue avoir eu toujours des idées bien arrêtées, sait que « par intuition et par éducation, elle a toujours été conservatrice. Elle a voulu lutter contre la « pensée unique », faite d'étatisme et de corporatisme, qui s'était emparée de la Grande-Bretagne.

Elle savait ce qu'elle voulait : ramener les conservateurs à leurs valeurs fondamentales, la libre entreprise, la discipline sociale, les finances saines, alors que depuis la guerre ils se sont envahir par la « pensée unique », ce que Margaret Thatcher appelle « *le corporatisme* », c'est-à-dire l'intervention de l'état et l'accommodement avec les syndicats. Il ne s'agit donc pas de rompre seulement avec l'incurie des travaillistes mais aussi avec le suivisme des tories.[140]

Forte de sa lecture de La Route de la servitude de Friedrich Hayek, dédiée « aux socialistes de tous les partis », appuyée sur les conceptions monétaristes de Keith Joseph, armée de son solide bon sens, elle se lance à l'abordage d'un navire qui prend l'eau de toutes parts. En 1975, elle de vient la première femme chef de l'opposition de sa Majesté. La révolution conservatrice est en marche : « Nous étions en train de gagner la bataille des idées, préliminaire nécessaire, écrit-elle, non seulement à la victoire aux élections mais aussi à la conquête d'un soutien populaire en faveur du changement ».[141]

---

[140] Daniel Vernet, *La Madone du conservatisme, Le Monde*, 24 juin 1995
[141] *Ibid.*

Le Royaume-Uni a eu trois grands Premiers ministres en temps de paix au cours du siècle dernier : le libéral Herbert Asquith avant la Première Guerre mondiale, et le travailleur Clément Attlee après la Seconde, puis Margaret Thatcher pour les conservateurs. Le premier a mis en place des réformes constitutionnelles dans le cadre d'un brillant gouvernement libéral ; le deuxième a fondé le système de santé publique (NHS) et l'Etat-providence ; et la troisième a créé une nouvelle donnée économique.

Dans ces Mémoires, Mme Thatcher pense que l'évolution internationale de la fin des années 80 a été positive. Le communisme avait été battu, la liberté restaurée dans les anciens satellites, la division cruelle de l'Europe avait pris fin, l'Union Soviétique s'était engagée dans la voie de la réforme, de la démocratie et des droits des nations, et l'Occident, en particulier les Etats-Unis, était resté maître du terrain, ses valeurs politiques et son système économique étant adoptés par ses anciens adversaires et, de plus en plus, par les pays du tiers monde. Elle rajoute qu'un rôle essentiel a joué le Président Reagan et M.Gorbatchev, mais il ne faut pas oublier la résistance courageuse des peuples de l'Union Soviétique et de l'Europe centrale et orientale.[142]

Selon Mme Thatcher estime que :

> Il ne faudrait pas non plus oublier de porter tout cela au crédit des fermes alliés européens de l'Amérique qui résistèrent aux pressions et aux cajoleries des Soviétiques en maintenant une défense occidentale puissante : en particulier, Helmut Schmidt, Helmut Kohl, François Mitterrand et … mais la modestie l'interdit.[143]

> Elle est ravie de ce triomphe de la liberté. C'est toute une vie qui s'accomplit dans ce mur de Berlin qui tombe. Elle fait partie de cette poignée de personnages d'exception qui, avec Ronald Reagan, Jean-Paul II, Lech Walesa ou Soljenitsyne, ont fait trembler le monde communiste sur ses bases et l'ont finalement jeté bas.[144]

Le dernier legs que Margaret Thatcher fait à l'Occident est une réflexion tenue en marge du sommet de l'Otan à Londres à l'été 1990. Elle invite les Etats membres de l'Otan à élargir leur périmètre d'intervention : « L'Otan devrait réfléchir un peu plus à la possibilité de menaces contre notre sécurité venant d'autres directions. Rien ne garantit que les menaces contre notre sécurité s'arrêteront à une ligne imaginaire passant au milieu de l'Atlantique(…). Nous allons à nouveau devenir fortement dépendants du pétrole du Moyen-Orient au prochain siècle. Avec la diffusion

---

[142] Margaret Thatcher, *Mémoires I*,p.679
[143] *Ibid.*,p.680
[144] Jean-Louis, Thiérot.*De l'épicerie à la Chambre des Lords*.Paris :Editions de Fallois .p.391

d'armes et de techniques militaires élaborées dans des zones comme le Moyen-Orient, les menaces contre les territoires de l'Otan risquent de provenir des pays extérieurs à l'Europe. Dans ces conditions, ce serait une mesure de simple prudence que les pays de l'Otan conservent leur capacité de jouer plusieurs rôles, en plusieurs lieux, avec des forces plus souples et modulables. » Il est difficile être plus prophétique.

Quinze ans plus tard, l'Otan commande des opérations en Afghanistan, dans les Balkans ou dans l'océan Indien. L'Otan du XXI ème siècle est donc largement celui qu'ambitionnait Mme Thatcher. Par ailleurs, elle invite le monde à se mettre sous protection américaine. Pour le meilleur ou pour le pire, elle recommande aux pays d'Europe de coller à l'attelage américain loin des palabres onusiens.[145]

« Même si je crois fermement dans le droit international, écrit-elle dans ses Mémoires, je n'aime pas les recours superflus aux Nations Unies, car cela laisse entendre que les Etats souverains n'ont pas l'autorité morale pour agir de leur propre chef (...). L'ONU (...) jamais ne formera le cœur d'un nouvel ordre mondial. Et il n'y a toujours rien qui puisse remplacer le leadership des Etats-Unis. »[146]

Et puis, il y a une chose qu'on ne peut retirer à son pragmatisme lucide, c'est le don de vue. Elle fut la première à remarquer Gorbatchev, la seule à proposer des solutions vraiment constructives en Afrique du Sud, l'unique à suggérer de réorienter l'Otan vers d'autres ambitions.[147]

Après 1990 Mme Thatcher est restée une figure politique importante. Elle a écrit deux livres qui sont des best- sellers de Mémoires –The Downing Street Years (1993) et The Path to Power (1995)- et elle a continué pendant une décennie à faire le tour du monde en tant que lectrice. Un livre de réflexions sur la politique internationale –

Statecraft – a été publié en 2002. Pendant cette période, elle a fait des interventions dans la politique Britannique, surtout sur la Bosnie et le Traité de Maastricht.

En mars 2002, elle a annoncé de ne pas pouvoir donner des discours publiques après plusieurs crises cardiaques. Denis Thatcher, son mari depuis cinquante ans, est mort en Juin 2003, recevant des hommages de tous les côtés.

Margaret Thatcher est restée une figure controversée en Grande Bretagne. Des critiques comme des supporters reconnaissent que la période, pendant laquelle Mme Thatcher a été Premier ministre, était d'une importance particulière pour l'histoire de la Grande Bretagne. Margaret Thatcher a cumulé un grand prestige

---

[145] *Ibid.*,p.392
[146] *Ibid.*,
[147]*Ibid.*,p.393

pendant les élections des années '80 et elle a gagné le respect même de ses critiques. En vérité, son effet en ce qui concerne les débats politiques, était très remarquable.[148]

[148] Biographie de Mme Thatcher, Fondation Thatcher www.margaretthatcher.org consulté le 24.02.2011

BIBLIOGRAPHIE

Sources primaires

Livres de Margaret Thatcher

THATCHER, Margaret.*10, Downing Street Years* .Londres : HarperCollins Ltd,1993,Traduction Française :Patricia Blot, Christophe Charot, Hervé Denès, Alain Gnaedig, Philippe Mortimer et Serge Quadruppani ;*10,Downing Street, MémoiresI.* Paris : Albin Michel, 1993, pp. 778

THATCHER, Margaret. *The path to power. Memories* II .Londres :Harper Collins Publishers Ltd ,Traduction Française :Evelyne Chatelain, Hervé Denès, Michelle Gibault ,Philippe Mortimer et Serge Quadruppani ,*Les chemins du pouvoirs, Mémoires II* .Paris : Albin Michel ,1995 ,pp. 582

THATCHER,Margaret.*Statecraft :Strategies   for   Changing World.*Londres :HarperCollins Publishers,2002

THATCHER, Margaret. *The Rivival of Britain* .Londres : Aurum Press Ltd,1999

THATCHER, Margaret. *Margaret Thatcher in her own words.* Londres:Biteback Publishing ,2011

Discours de Margaret Thatcher

25 juin 1945 –Discours à Sleaford

6 février 1960-Discours pour ITN(Le premier Discours télévisive de Mme Thtacher)

11 février 1975-Conférence de presse après avoir gagné le Leadership Conservateur

19 janvier 1976 –Discours à Kensington Town Hall (Britain Awake)

4 mai 1979-réflexions de Premier ministre (La Prière de St-Francis)

17 décembre 1984-Interview à la télévision sur BBC (M.Gorbatchev me plaît .Nous pouvons faire affaire ensemble).

20 septembre 1988-Discours au Collège d'Europe (Le discours de Bruges)

The lady is not turning, Conservative Party's Conference, Brighton, 10 octobre 1980, Fondation Thatcher

Discours à Chelsea, 26 juillet 1975, Fondation Thatcher

Margaret Thatcher,Eulogy for President Reagan , 11 juin 2004, Fondation Thatcher

Correspondances

Ronald Reagan, lettre à Mme Thatcher, 2 février 1981, Fondation Thatcher www.margaretthatcher.org

Ronald Reagan à Mme Thatcher, le 13 février 1982, Fondation Thatcher

Ronald Reagan à Mme Thatcher,7 septembre 1983,Fondation Thatcher

Margaret Thatcher à Ronald Reagan, 15 septembre 1983, Fondation Thatcher

Ronald Reagan à Mme Thatcher,le 19 janvier 1989,Fondation Thatcher

Mme Thatcher à Ronald Reagan , 19 janvier 1989 , Fondation Thatcher

Sources secondaires

Livres sur Margaret Thatcher

ABSE,Leo. *Margaret,Daughter of Beatrice :Politician 's Psycho-Biography of Margaret Thatcher.*Londres: Jonathan Cape,1989,pp.288

BERLINSKI,Claire.*There Is No Alternative:Why Margaret Thatcher Matters.*New York:Basic Books,2010,pp.386

BLUNDELL,John.*Margaret Thatcher:A Portrait of the Iron Lady.*USA:Algora Publishing,2008,pp.217

BROWN,Gordon.*Where There's Greed:Margaret Thatcher and the Betrayal of Britain's Future.*Edimbourg:Mainstream Publishing ,1989,pp.192

BUCHER GRUPPE.*Nordirlandkonflikt:Margaret Thatcher,Sinn Fin, Blutsonntag,Special Air Service,Provisional Irish Republican Army* .pp.366

BUCHER GRUPPE.*Margaret Thtacher:Falklandkrieg,Britischer Bergarbeitstreik 194-1985,Britischer Unterhauswahlen 1983.*pp.76

CULLEN,Catherine.*Margaret Thatcher:Une Dame de Fer.*Paris:Editions Odile Jacob,1991,pp.195

CAMPBELL,John.*Margaret Thatcher.*Volume I:1925-1979.Londes:Vintage,2000

CAMPBELL,John;*Margaret Thatcher.*Volume II.Londres : Pimlico ,2004,pp.24

Dale,Iain.*Margaret Thatcher.*Royaume-Uni:Wiederfield&Nicholson,2005

DES MAC,Hale.*Margaret Thatcher Joke Book.*Blackrock,Cork,Irelande:Mercier,pp.48

DE-LA-NOY,Michael. The Honours System : *A History of Patronage from King Canute to Margaret Thatcher.*Londres:Allison&Busby,1986,pp.192

GARDINER,George.*Margaret Thatcher-From Childhood to Leadership,*William Kimber,1975,pp.8

GARFINKEL,Bernard.*Margaret Thatcher:World Leader's Past and Present.*Londres:Chambers,1986,pp.118

GEELHOED,E.Bruce.*Margaret Thatcher:In Victory and Downfall ,1987 and 1990,*Praeger Frederick A.,2005,pp.248

GOUIFFES,Pierre-Francois.*Margaret Thatcher face aux Mineurs,1972-1985.Treize Ans qui ont change l'Angleterre* ,Privat,2007,pp.363

HO,Elizabeth.*Thatcher and After :Margaret Thatcher and her Life in Contemporary Culture.*Hampshire :Palgrave,2010,pp.250

HUGHES,Libby.*Madam Prime Minister:A Biography of Margaret Thatcher.*Bloomington,IN,USA:Iuniverse:2000,pp.152

JENKINS,Peter.*Mrs.Thatcher's Revolution:The ending of Socialist Era.*Paris: Editions Robert Lafont ,1991,pp.432

JOHN,Andrew.BLAKE,Stephen.*The World According to Margaret Thatcher* .Londres:Michael O'Mara Books,2003,pp.162

JUNOR,Penny.*Margaret Thatcher :Wife,Mother,Politician*.New English LibraryLtd,1984,pp.240

LLC BOOKS.*British People of the Falklands War:Margaret Thatcher,Tom Dalyell,Peter Carrington,6 th Baron Carrington* .Pym,2010,pp.102

LLC BOOKS.*English Methodists.*Life Journey,2010,pp.138

LLC BOOKS.*Honorary Fellows of Somerville College,Oxford:Margaret Thatcher ,Kiri Te Kanawa,A.S.ByATT,Shirley William, Baroness*,2010,pp.128

LLC BOOKS.*People from Grantham:Margaret Thatcher, Richard Todd,Richard Foxe,Henry More,Judy Campbell,Luke Wright*,2010,pp.166

LLC BOOKS.*Suo Jure Peeresses :Created Suo Jure Peeresses,Female Life Peeres,Hereditary Suo Jure Peeresses,Margaret Thatcher...Anne Boleyn..*,2011,pp.984

LEWIS,Russell.*Margaret Thatcher:A Personal and Political Biography* .Londres:Routledge &Kegan Paul Plc,1984,pp.240

MAITLAND,Olga.*Margaret Thatcher :The First Decade*.Londres:Sidgwick &Jackson Ltd,1989,pp.140

MCFADYEAN,Mélanie.*Thatcher's Reign:A Bad Case of Blues*.Londres:Chatto&Windus, 1984,pp.128

MONCUR,Andrew.*Margaret Thatcher's History of the World* .Londres:Fourth Estate,1989,pp.128

NALLON,Steve.*I,Margaret:Unofficial Autobiography of Mrs.Thatcher*.Londres:Papermac,pp.224

PAOLI,Pia.*Biographie de Margaret Thatcher*.Barcelone :Ed Juventud ,1991 ,pp .191

REITAN,E .A .*The Thatcher's Revolution :Margaret Thatcher, John Major and Tony Blair*.Lanham,MD,USA :Rowman &Littlefield, 2003,pp.352

ROBERTS,Elizabeth.*Margaret Thatcher:A Life in Pictures* .Ammonite Press,2009,pp.299

SMITH,Ronald A..*The Premier Years of Margaret Thatcher*,Kevin Frances Publishing, 1990,pp.228

STEINBERG,Blema S..*Women in power: The personalities and Leadership Styles of Indira Ghandi,Golda Meir and Margaret Thatcher*.Montréal Québec et Kingston,Ontario:Mcgill Queens University Press,2008,pp.436

SUBROTO,Roy,CLARKE,John.*Margaret   Thatcher's   Revolution* .Londres:Continuum,2006

THATCHER,Linda.*Tales of our times*.Londres:The Pentland Press,1998,pp.114

THOMSON,Andrew.*Margaret Thatcher:The Women Within*.Londres: W.H.Allen and Virgin Books,1989,pp.256

YOUNG,Hugo.*One of Us.A Biography of Margaret Thatcher*.Londres:Pan Books,1993,pp.672

URBAN,G.R.*Diplomacy and Desillusion at the Court of Margaret Thatcher:An Insider's View* .Londres:IB Tauris&CO Ltd,1996,pp.202

VESTLI,Ragnhild.*Margaret   Thatcher   1990-2002*,Lap.Lambert   Acad Publishing,2010,pp.140

WATKINS,Alan,*A conservative Coup:Fall of Margaret Thatcher*.Londres:Gerald Ducksworth &CO Ltd,1992,pp.256

WELLS,John.*Fifty Glorious Years .Margaret Hilda Thatcher –A festive Tribute* .Londres:Penguin Books ,pp.24

ARTICLES

CAMEROUN, Fraser," *We do not want unification –Margaret Thatcher's irrational hatred of a united Germany, The Atlantic Times*", octobre 2009

DRUMEA Dumitru, « *Gorbatchev et Perestroïka :des objectifs initiaux aux consequences inattendue* »*s,* consulté le 24.02.2011 sur www.nouvelle-europe.eu

MADELSON Peter, « *Nous sommes tous des thatchérien* »*s, The Times,*10 juin 2002

KNIGHT Ben et MUDGE Rob ," *Germany's neighbors try to redeem their 1989 negativity* ", consulté le 24.02.2011 sur www.dw-world.com

PISANY-FERRY Jean, « *Ronald Reagan et Margaret Thatcher:Ils ont fait de la vieille droite une force de changement* », *Nouvel Observateur,* 15 octobre 2007

Radio Canda sur le 20 ème anniversaire de la chute du communisme consulté le 24.02.2011 sur www.radio-canada.ca en collaboration avec Agence France Presse et

Associated Press, « *Reagan and Thatcher: political soul mates* » ,*Associated Press* ,5 juin 2004

« *Reagan and Thatcher: A special relationship"*, *The Economist*, 10 juin 2004

Solidarnosc, « *La chute du communisme* », consulté le 24.02.2011 Sur le site www.solidarnosc.free.fr/elections.htm

THATCHER Margaret. *"Reagan Leadership: America's recovery ,One titan writes about another"* ,*National Review* ,30 décembre 1988

VEDRINE Hubert, « *Réunification allemande:au plus près des faits* », le 2 octobre 2009, Fondation François Mitterrand, www.mitterrand.org

Histoire des idées, Philosophie, Théorie politique

BENTLEY, Michael. *Modern Historiography : An Introduction.* Londres : Routledge, 2004.

BREHIER, Emile. *Histoire de la philosophie.* Paris : PUF, coll. "Quadrige", 3 vols. 1981.

BURGESS, Glenn, LLOYD, Howell, HODSON, Simon (eds). *European Political Thought 1450–1700 : Religion, Law and Philosophy.* New Haven, Yale University Press, 2007.

BURNS, J. H., GOLDIE, M. (eds). *The Cambridge History of Political Thought.* Cambridge : Cambridge University Press, 1991

CANTO-SPERBER, Monique (ed). *La philosophie morale britannique.* Paris : PUF, 1994.

CARRIVE, Paulette. *La pensée politique anglaise. Passions, pouvoirs et libertés de Hooker à Hume.* Paris : PUF, coll. "Fondements de la politique", 1994.

DELACAMPAGNE, Christian. *La philosophie politique contemporaine. Idées, débats, enjeux.* Paris : Seuil, 2000.

DUNN, John. *Setting the People Free : The Story of Democracy.* Londres : Atlantic Books, 2005.

FITZPATRICK, Martin, JONES, Peter, KNELLWOLF, Christa, McCALMAN, Iain (eds)). *The Enlightenment World.* Londres : Routledge, 2006

GOYARD-FABRE, Simone. *Philosophie politique XVIe-XXe siècle.* Paris : PUF, 1987.

JAUME, Lucien. *La liberté et la loi. Les origines philosophiques du libéralisme*. Paris : Fayard, 2000.

KELLNER, Peter. *Democracy : 1000 Years in Pursuit of British Liberty*. Edimbourg : Mainstream Publishing, 2009.

LESSAY, Franck. *Souveraineté et légitimité chez Hobbes*. Paris : PUF, coll. « Léviathan », 1988.

LESSAY, Franck, MORVAN, Alain, GOURNAY, Jean-François. *Histoire des idées dans les îles Britanniques*. Paris : PUF, coll. "Perspectives anglo-saxonnes", 1996.

LESSAY, Franck, ZARKA, Yves Charles, ROGERS, John (eds). *Les fondements philosophiques de la tolérance*. Paris : PUF, coll. « Fondements de la politique », 3 vols, 2002.

MANENT, Pierre. *Histoire intellectuelle du libéralisme*. Paris : Calmann-lévy, 1987.

McCLELLAND, J. S. *A History of Western Political Thought*. Londres : Routledge, 1998.

MEYER, Michel. *La philosophie anglo-saxonne*. Paris : PUF, coll. "Premier Cycle", 1994.

MURALT (de), André. *L'unité de la philosophie politique de Scot, Occam et Suarez au libéralisme contemporain*. Paris : Vrin, 2002.«

NAY, Olivier. *Histoire des idées politiques*. Paris : Armand Colin, coll. « U », 2004.

NEF, John U. *Cultural Foundations of Industrial Civilization*. Cambridge : Cambridge University Press, 2000

PRÉLOT, Marcel, LESCUYER, Georges. *Histoire des idées politiques*. Paris : Dalloz, 1992.

RIOT-SARCEY, Michèle, BOUCHET, Thomas , PICON, Antoine (eds). *Dictionnaire des utopies*. Paris : Larousse, coll. « In extenso », 2008

SKORUPSKI, John. *English-Language Philosophy, 1750 to 1945*. Oxford : Oxford University Press, 1993.

STRAUSS, Leo, CROPSEY, John (eds). *History of Political Theory*. Chicago : Rand McNally, 1963. Traduction française : *Histoire de la philosophie politique*, Paris : PUF, 1994.

YOLTON, John (ed). *Philosophy, Religion and Science in the Seventeenth and Eighteenth Centuries*. Woodbridge : University of Rochester Press, 1990.

Droit, institutions

ALLISON, J. W. F. *The English Historical Constitution : Continuity, Change & European Effects.* Cambridge : Cambridge University Press, 2007.

BAKER, J. H. *An Introduction to English Legal History.* Londres : Butterworth, 1990.

BARANGER, Denis. *Ecrire la constitution non écrite. Une introduction au droit politique britannique.* Paris : Presses Universitaires de France, coll. "Léviathan", 2008.

BERSTEIN, Serge (ed). *La démocratie libérale.* Paris : PUF, coll. "Histoire générale des systèmes politiques", 1998.

BOGDANOR, Vernon. *The Monarchy and the Constitution.* Oxford : Oxford University Press, 1995.- *The New British Constitution.* Oxford : Hart Publishing, 2009.

EDLIN Douglas E. *Common Law Theory.* Cambridge : Cambridge University Press, Series : « Cambridge Studies in Philosophy and Law », 2008.

HALLIDAY, Paul. *Habeas Corpus : From England to Empire.* Cambridge : Harvard University Press, 2010.

HALPÉRIN, Jean-Louis. *Histoire des droits en Europe de 1750 à nos jours.* Paris : Flammarion, 2004.

HOLDSWORTH, Sir William. *A History of English Law.* Londres : Methuen and C°. 17 vols. 1952-1972.

KELLNER, Peter. *Democracy : 1000 Years in Pursuit of British Liberty.* Edimbourg : Mainstream Publishing, 2009.

KINDER-GEST, Patricia. *Droit anglais, I Institutions politiques et judiciaires.* Paris : L.G.D.J., 1997.

LESAFFER, Randall. *European Legal History.* Translated from the Dutch by Jan Arriens. Cambridge : CUP, 2009.

LETWIN, Shirley Robin. *On the History of the Idea of Law*. Cambridge : Cambridge University Press, 2005.

SEROUSSI, Roland. *Introduction aux droits anglais et américain*. Paris : Dunod, 1999.

Science

FARA, Patricia. *Science : A Four-Thousand Year History*. Oxford : Oxford University Press, 2009.

GRIBBIN, John. *Science : A History 1543-2001*. Londres : Penguin/Allen Lane, 2003

LECOURT, Dominique (ed). *Dictionnaire d'histoire et de philosophie des sciences*. Paris : PUF, 1999.

MAZAURIC, Simone. *Histoire des sciences à l'époque moderne*. Paris : Armand Coli, coll. « U », 2009.

Pensée économique

BARBER, William. *A History of Economic Thought*. Middletown, CT : Wesleyan University Press, 2009.

BONCŒUR, Jean, THOUÉMENT, Hervé. *Histoire des idées économiques*. Paris : Nathan, 1993.

SCHUMPETER, Joseph. *Histoire de la pensée économique*. Paris : Gallimard, 3 vols, 1983.

Féminisme

BARRET-DUCROCQ, Françoise. *Le mouvement féministe anglais d'hier à aujourd'hui*. Paris : Ellipses, coll. « Les essentiels de la civilisation anglo-saxonne », 2000.

BUTLER, Judith. *Gender Trouble : Feminism and the Subversion of Identity*. Londres : Routledge, coll. « Routledge Classics », 2006.

HIRATA, Héléna, LABORIE, Françoise, LE DOARÉ, Hélène, SÉNOTIER, Danièle (eds). *Dictionnaire critique du féminisme* Paris : Presses Universitaires de France, coll. « Politique d'aujourd'hui », 2004.

MONACELLI, Martine, PRUM, Michel (eds). *Ces hommes qui épousèrent la cause des femmes*. Dix pionniers britanniques. Préface de Geneviève Fraisse. Paris : Editions de l'Atelier, 2010.

RICHARDSON, Diane, ROBINSON, Victoria Robinson (eds). *Introducing Gender and Womens Studies*. Londres : Palgrave Macmillan. 2007.

RIOT-SARCEY, Michèle. *Histoire du féminisme*. Paris: La Découverte, coll. "Repères", 2002.

Arrière plan historique

GÉNÉRAL

"The Pelican History of England". Harmondsworth : Penguin Books. 9 vols. 1952-1982.

ARNOLD-BAKER, Charles. *The Companion to British History*. Turnbridge Wells : Longcross Press, 2008.

BRIGGS, Asa. *A Social History of England*. Harmondsworth : Penguin Books, 1987.

BROWN, John. *The British Welfare State : A Critical History*. Oxford : Blackwell, 1995.

CHASSAIGNE, Philippe. *Histoire de l'Angleterre, des origines à nos jours*. Paris : Flammarion, coll. "Champs", 2008.

- *La Grande-Bretagne et le monde de 1815 à nos jours*. Paris, Armand Colin, coll. « U », 2009.

COTTRET, Bernard. *Histoire de l'Angleterre*. Paris : Taillandier, 2007.

CROUZET, François. *De la supériorité de l'Angleterre sur la France. L'économique et l'imaginaire, XVII-XXè siècle*. Paris : Perrin, 1985.

DAVIES, Norman. *The Isles : A History*. Oxford : Oxford University Press, 1999.

DOUGLAS, David. *English Historical Documents*. Londres : Routledge, 10 vols. 1996.

(Robert Walpole to Tony Blair).

GENET, Jean-Pierre. *La genèse de l'Etat moderne. Culture et société politique en Angleterre*. Paris : PUF, coll. "Le nœud gordien", 2004.

KENYON, J. P. ed. *Dictionary of British History*. Ware : Wordsworth Editions, 1994.

LACHAUD, Frédérique, LESCENT-GILES, Isabelle, RUGGIU, François-Joseph (eds). *Histoires d'outre-Manche. Tendances récentes de l'historiographie britannique*. Paris : Presses de l'Université de Paris-Sorbonne, 2001.

LACROIX, Jean-Michel. *Histoire des Etats-Unis*. Paris : Presses Universitaires de France, coll. « Quadrege Manuels », 2009.

LEBECQ, Stéphane, BENSIMON, Fabrice, LACHAUD, Frédérique, RUGGIU, François-Joseph (eds). *Histoire des îles Britanniques*. Paris : Presses Universitaires de France, coll. « Quadrige », 2007.

MARTIN, Jean-Pierre, ROYOT, Daniel. *Histoire et civilisation des Etats-Unis. Textes et documents commentés du XVIIe siècle à nos jours*. Paris : Nathan, coll. "Nathan-Université", 1995.

MARX, Roland. *Religion et société en Angleterre de la Réforme à nos jours*. Paris : PUF, 1978.

- *La société britannique de 1660 à nos jours*. Paris : PUF, 1981.

- *Histoire de l'Angleterre*. Paris : Fayard, 1993.

MELANDRI, Pierre. *Histoire des Etats-Unis contemporains*. Bruxelles : André Versaille éditeur, 2008.

MONOD, Paul Kléber. *Imperial Island: A History of Britain and its Empire, 1660-1837*. Oxford: Wiley-Blackwell, 2009.

PRICE, Richard. *British Society 1680-1880 : Dynamism, Containment and Change*. Cambridge : Cambridge University Press, 1999.

STEINBERG, S. H., EVANS, I. H. *Dictionary of British History*. Londres : Edward Arnold, 1974.

TREVELYAN, G.M. *English Social History*. Harmondsworth : Penguin Books, 1982.

XIXᵉ-XXᵉ siècles

ALEXANDRE-COLLIER, Agnès. *Les habits neufs de David Cameron. Les conservateurs britanniques (1990-2010)*. Paris : Presses de Sciences Po, coll. "Nouveaux Débats", 2010.

BEHAGG, Clive. *Labour and Reform : Working Class Movements 1815-1914*. Londres : Longman, 1989.

BRIGGS, Asa. *The Age of Improvement, 1783-1867*. New York : Longman, 1999.

CHARLOT, Monica. *L'Angleterre, 1945-1980*. Paris : Imprimerie Nationale, coll. "Notre siècle", 1981.

- *The Monarchy in Britain in the 20th Century*. Paris : Ophrys-Ploton, 1993.

CHARLOT, Monica, MARX, Roland. *La société victorienne*. Paris : Armand Colin, 1997.

CHILDS, David. *Britain Since 1945 : A Political History*. Londres : Routledge, 1997.

DUTTON, David. *British Politics since 1945 : The Rise and Fall of Consensus*. Oxford : Blackwell, 1991.

EVANS, Eric. *The Forging of the Modern State : Early Industrial Britain 1783-1870*. Londres & New York : Longman, 1983.

FAUCHER-KING, Florence, LE GALÈS, PatricK. *Tony Blair, 1997-2007. Le bilan des réformes*. Paris : Presses de Sciences-Po, coll. « Nouveaux Débats », 2007.

GIDDENS, Anthony. *The Third Way.* Londres : Polity Press, 1998.

HENNESSY, Peter. *The Prime Minister : The Office and its Holders since 1945.* Londres : Allen Lane, 2000.

KAVANAGH, Dennis. *A Dictionary of Political Biography : Who's Who in Twentieth-Century World Politics*. Oxford : Oxford University Press, 1998.

LEE, Stephen J. *Aspects of British Political History 1815-1914.* Londres : Routledge, 1994.

LOUSSOUARN, Sophie. *L'Odyssée politique de Tony Blair*. Biarritz : Atlantica Séguier, 2009.- *David Cameron. Un conservateur du XXIe siècle*. Biarritz : Atlantica Séguier, 2010.

LOWE, Rodney. *The Welfare State in Britain, since 1945.* Londres : Macmillan, 1993.

MARQUAND, David. *Britain Since 1918 : The Strange Career of British Democracy*. Londres : Weidenfeld & Nicolson, 2008.

MARX, Roland. *La révolution industrielle en Grande-Bretagne*. Paris : Armand Colin, 1992.

MOUGEL, François-Charles. *Histoire du Royaume-Uni au XXe siècle*. Paris : PUF, coll. "Thémis", 1996.

PEARCE, Malcolm, STEWART, Geoffrey. *British Political History, 1867-2001.* Londres : Routledge, 2004.

PURVIS, June (ed). *Women's History : Britain, 1850-1945. An Introduction.* Londres : Routledge, 2004.

RAWNSLEY, Andrew. *The End of the Party : The Rise and Fall of New Labour*. New York : Viking Press, 2010.

ROBBINS, Keith. *The Eclipse of a Great Power : Modern Britain 1870-1975*. Londres/New York : Longman, 1983.

SELDON, Anthony (ed). *Blair's Britain 1997-2007*. Cambridge : Cambridge University Press, 2007.

SHARP, Paul. *Thatcher's Diplomacy : The Revival of British Foreign Policy*. Basingstoke : Macmillan, 1999.

SHAW, Eric. *Portrait of New Labour*. Londres : Routledge, 2008.

TAYLOR, A.J.P. *English History, 1914-1945*. Harmondsworth : Penguin Books, 1970.

THOMPSON, E.P. *The Making of the English Working Class.* Harmondsworth : Penguin Books, 1979.

VAISS, Paul. *Histoire économique et sociale de la Grande-Bretagne de 1945 à nos jours*. Paris : Armand Colin, 1996.

VINEN, Richard. *Thatcher's Britain : The Politics and Social Upheaval of the Thatcher Era*. New York : Simon & Shuster, 2009.

WOOD, Anthony. *Nineteenth-Century Britain*. Londres : Longman, 1982.

YOUNG, Hugo. *This Blessed Plot : Britain and Europe From Churchill to Blair*. Londres : Macmillan, 1998.

L'histoire du communisme, généralités

ANDREANI, Jacques. *Le piège : Helsinki et la chute du communisme*. Paris, O. Jacob, 2005. 272 p.

BOUCTOT, J.-G..*Etudes de sociologie : histoire du communisme et du socialisme*. Paris, A. Ghio, 1889

ANTOINE, Charles.*Guerre froide et église catholique : l'Amérique latine*. Paris, éd. Du Cerf, 2000. 354 p. (L'histoire à vif).

DOCKRIL, Saki, dir. FRANK, Robert, dir. SOUTOU, Georges-Henri
L'Europe de l'Ouest dans la guerre froide, 1948-1953 : actes du colloque organisé à Paris les 19-21 novembre 1998 / par le Centre histoire des relations internationales de l'Europe au XXe siècle... Paris, Presses universitaires de Paris Sorbonne, 2002. 268 p. (Mondes contemporains).

DREYFUS, Michel, dir. GROPPO, Bruno, dir. INGELFORM, Claudio Sergio, dir.. *Le siècle des communismes*. Paris, éd. de l'Atelier-éd. ouvrières, 2000. 542 p.

COURTOIS, Stéphane. *Du passé faisons table rase : histoire et mémoire du communisme en Europe*. Paris, R. Laffont, 2002. 576 p.

COURTOIS, Stéphane. WERTH, Nicolas. PANNE, Jean-Louis, et al...
Le livre noir du communisme : crimes, terreur, répression. Paris, R. Laffont, 1997. 846 p. Notes bibliogr. Index

ENGELS, Friedrich. MARX, Karl.*Manifeste du Parti communiste*….1848 Paris, éd. sociales, 1986. 184 p. (Essentiels).

FEJTÖ, François *L'Héritage de Lénine : introduction à l'histoire du communisme mondial.* Paris, le Livre de poche, 1977. 636 p. (Le Livre de poche, Pluriel).

JUDT, Tony. *Après guerre : une histoire de l'Europe depuis 1945*. Paris, A. Colin, 2007. 1023 p. Bibliogr. p. 965-1003. Index

FURET, François. *Le passé d'une illusion : essai sur l'idée communiste au XXe siècle.* Paris, R. Laffont, Calmann-Lévy, 1995. 580 p.

HENRY, Michel. *Du communisme au capitalisme : théorie d'une catastrophe.* Lausanne, l'Age d'homme, 2008

KARARLICKIJ, Boris. *Les intellectuels et l'Etat soviétique : de 1917 à nos jours.* Paris, Presses universitaires de France, 1993. X-341 p. (Connaissance de l'Est).

MARCUSE, Herbert. *Le marxisme soviétique : essai d'analyse critique.* Paris, Gallimard, 1971. 377 p. (Idées, 35)

MONNEROT, Jules. *Sociologie du communisme : échec d'une tentative religieuse au XXe siècle.* Paris, Hatier, 1979. XXIV-570 p.

RUPNIK, Jacques.*L'autre Europe : crise et fin du communisme.* Paris, Seuil, 1993. 446 p. (Points. Odile Jacob, 33)

SENARCIENS, Pierre de. *De Yalta au rideau de fer*. Paris, Presses de la Fondation nationale des sciences politiques, 1993. 382 p. (Questions internationales).

WILCZYNSKI, Jozef. *An encyclopedic dictionary of marxism, socialism and communism.* Berlin, New York, de Gruyter, 1981. 660 p.
WOLIKOW, Serge, dir..*Une histoire en révolution ?du bon usage des archives, de Moscou et d'ailleurs.* Dijon, éd. universitaires de Dijon, 1996. 315 p. (Publications de l'Université de Dijon).

Communismes d'hier : les pays qui ont vécu l'expérience communiste
Les démocraties populaires dans Europe centrale et de l'Est : vue d'ensemble

ALEKSIUN, Natalia [et al.] *Histoire de l'Europe du Centre-Est.* Paris, Presses universitaires de France, 2004. CXVI-997 p. (Nouvelle Clio)

ANTOHI, Sorin, ed. by. TISMANEANU, Vladimir, ed. by *Between past and future : the revolutions of 1989 and their aftermath.* Budapest, Central European University press, 2000. XII-414 p.

BEREND, Tibor Iván *Central and Eastern Europe, 1944-1993 : detour from the periphery to the periphery.* Cambridge, Cambridge university press, 1996. XVIII-414 p. (Cambridge studies in modern economic history, 1).

BIDELEUX, Robert. JEFFRIES, Ian. *A history of Eastern Europe : crisis and change.* London, Routledge, 2007. XLIV-669 p.

CRAMPTON, Richard J. *Eastern Europe in the twentieth century and after.* London, Routledge, 1997. XX-526 p.

FEJTÖ, François. KULESZA-MIETKOWSKI, Ewa, colab.*La fin des démocraties populaires : les chemins du post-communisme.* Paris, Éd. du Seuil, 1992. 560 p. (XXe siècle).

FEJTÖ, François *Histoire des démocraties populaires.* 2 vol.. [Paris], Seuil, 1992. 380 p. (Points. Histoire, 154-5).

HODOS, George H. *Show trials : Stalinist purges in Eastern Europe, 1948-1954.* New York, Praeger, 1987. XVI-193 p.

MINK, Georges *Vie et mort du bloc soviétique.* [Paris], Casterman. Firenze, Giunti, 1997. 159 p. (XXe siècle, 27).

SOULET, Jean-François *Histoire de l'Europe de l'Est : de la Seconde guerre mondiale à nos jours.* Paris, A. Colin, 2006. 263 p. (Collection U. Histoire contemporaine).

Sitographie

www.margaretthatcher.org

www.radio-canada.ca

www.wikipedia.org

www.time.org

www.lefigaro.fr

www.freepublic.com

www.old.nationalreview.com

www.guardian.co.uk

www.canalacademie.com

www.search.eb.com.ezprozy.scd.univ-paris3.fr

www.henri-weber.fr

www.msnbc.msn.com

www.challenges.fr/magazine

www.hubertvedrine.net

www.timeonline.co.uk

www.project-syndicate.org

www.atlantic-times.com

www.mitterrand.org

www.solidarnosc.free.fr/elections

www.whitehouse.gov

www.bushlibrary.tamu.edu

www.reagan.utexas.edu

www.lessignet.com

www.google.fr

www.yahoo.fr

ANNEXES

BRITAIN AWAKE

The first duty of any Government is to safeguard its people against external aggression. To guarantee the survival of our way of life.

The question we must now ask ourselves is whether the present Government is fulfilling that duty. It is dismantling our defences at a moment when the strategic threat to Britain and her allies from an expansionist power is graver than at any moment since the end of the last war.

Military men are always warning us that the strategic balance is tilting against NATO and the west.

But the Socialists never listen.[fo 1] *Beginning of section checked against BBC Radio News Report 2200 19 January 1976*

They don't seem to realise that the submarines and missiles that the Russians are building could be destined to be used against us.

Perhaps some people in the Labour Party think we are on the same side as the Russians!

But just let's look at what the Russians are doing.

She's ruled by a dictatorship of patient, far-sighted determined men who are rapidly making their country the foremost naval and military power in the world. *End of section checked against BBC Radio News Report 2200 19 January 1976.*

They are not doing this solely for the sake of self-defence.[fo 2]

A huge, largely land-locked country like Russia does not need to build the most powerful navy in the world just to guard its own frontiers.

No. The Russians are bent on world dominance, and they are rapidly acquiring the means to become the most powerful imperial nation the world has seen.

The men in the Soviet politburo don't have to worry about the ebb and flow of public opinion. They put guns before butter, while we put just about everything before guns.

They know that they are a super power in only one sense—the military sense.[fo 3]

They are a failure in human and economic terms.

But let us make no mistake. The Russians calculate that their military strength will more than make up for their economic and social weakness. They are determined to use it in order to get what they want from us.

Last year on the eve of the Helsinki Conference, I warned that the Soviet Union is spending 20 per cent more each year than the United States on military research and development. 25 per cent more on weapons and equipment. 60 per cent more on strategic nuclear forces.

In the past ten years Russia has spent 50 per cent more than the United States on naval shipbuilding.

Some military experts believe that Russia has already achieved strategic superiority over America.[fo 4]

But it is the balance of conventional forces which poses the most immediate dangers for NATO.

I am going to visit our troops in Germany on Thursday. I am going at a moment when the Warsaw Pact forces—that is, the forces of Russia and her allies—in Central Europe outnumber NATOs by 150,000 men nearly 10,000 tanks and 2,600 aircraft. We cannot afford to let that gap get bigger.

Still more serious gaps have opened up elsewhere—especially in the troubled area of Southern Europe and the Mediterranean.

The rise of Russia as a world-wide naval power, threatens our oil rigs and our traditional life-lines, the sea routes.[fo 5]

Over the past ten years, the Russians have quadrupled their force of nuclear submarines. They are now building one nuclear submarine a month.

They are searching for new naval base facilities all over the world, while we are giving up our few remaining bases.

They have moved into the Indian Ocean. They pose a rising threat to our northern waters and, farther east to Japan's vital sea routes.

The Soviet navy is not designed for self-defence. We do not have to imagine an all-out nuclear war or even a conventional war in order to see how it could be used for political purposes.[fo 6]

I would be the first to welcome any evidence that the Russians are ready to enter into a genuine detente. But I am afraid that the evidence points the other way.

I warned before Helsinki of the dangers of falling for an illusory detente. Some people were sceptical at the time, but we now see that my warning was fully justified.

Has detente induced the Russians to cut back on their defence programme?

Has it dissuaded them from brazen intervention in Angola?

Has it led to any improvement in the conditions of Soviet citizens, or the subject populations of Eastern Europe?[fo 7]

We know the answers.

At Helsinki we endorsed the status quo in Eastern Europe. In return we had hoped for the freer movement of people and ideas across the Iron Curtain. So far we have got nothing of substance.

We are devoted, as we always have been, to the maintenance of peace.

We will welcome any initiative from the Soviet Union that would contribute to that goal.

But we must also heed the warnings of those, like Alexander Solzhenitsyn , who remind us that we have been fighting a kind of 'Third World War' over the entire period since 1945—and that we have been steadily losing ground.[fo 8]

As we look back over the battles of the past year, over the list of countries that have been lost to freedom or are imperilled by Soviet expansion can we deny that Solzhenitsyn is right?

We have seen Vietnam and all of Indochina swallowed up by Communist aggression. We have seen the Communists make an open grab for power in Portugal, our oldest ally—a sign that many of the battles in the Third World War are being fought inside Western countries.

And now the Soviet Union and its satellites are pouring money, arms and front-line troops into Angola in the hope of dragging it into the Communist bloc.[fo 9]

We must remember that there are no Queensbury rules in the contest that is now going on. And the Russians are playing to win.

They have one great advantage over us—the battles are being fought on our territory, not theirs.

Within a week of the Helsinki conference, Mr Zarodov , a leading Soviet ideologue, was writing in Pravda about the need for the Communist Parties of Western Europe to forget about tactical compromises with Social Democrats, and take the offensive in order to bring about proletarian revolution.[fo 10]

Later Mr Brezhnev made a statement in which he gave this article his personal endorsement.

If this is the line that the Soviet leadership adopts at its Party Congress next month, then we must heed their warning. It undoubtedly applies to us too.

We in Britain cannot opt out of the world.

If we cannot understand why the Russians are rapidly becoming the greatest naval and military power the world has ever seen if we cannot draw the lesson of what they tried to do in Portugal and are now trying to do in Angola then we are destined—in their words—to end up on 'the scrap heap of history'.[fo 11]

We look to our alliance with American and NATO as the main guarantee of our own security and, in the world beyond Europe, the United States is still the prime champion of freedom.

But we are all aware of how the bitter experience of Vietnam has changed the public mood in America. We are also aware of the circumstances that inhibit action by an American president in an election year.

So it is more vital then ever that each and every one of us within NATO should contribute his proper share to the defence of freedom.[fo 12]

Britain, with her world-wide experience of diplomacy and defence, has a special role to play. We in the Conservative Party are determined that Britain should fulfil that role. *Beginning of section checked against BBC Radio News Report 0700 20 January 1976*

We're not harking back to some nostalgic illusion about Britain's role in the past.

We're saying—Britain has a part to play now, a part to play for the future.

The advance of Communist power threatens our whole way of life. That advance is not irreversible, providing that we take the necessary measures now. But the longer that we go on running down our means of survival, the harder it will be to catch up.[fo 13]

In other words: the longer Labour remains in Government, the more vulnerable this country will be. (Applause.) *End of section checked against BBC Radio News Report 0700 20 January 1976*

What has this Government been doing with our defences?

Under the last defence review, the Government said it would cut defence spending by £4,700 million over the next nine years.

Then they said they would cut a further £110 million.

It now seems that we will see further cuts.[fo 14]

If there are further cuts, perhaps the [Roy Mason] Defence Secretary should change his title, for the sake of accuracy, to the Secretary for Insecurity.

On defence, we are now spending less per head of the population than any of our major allies. Britain spends only £90 per head on defence. West Germany spends £130, France spends £115. The United States spends £215. Even neutral Sweden spends £60 more per head than we do.

Of course, we are poorer than most of our NATO allies. This is part of the disastrous economic legacy of Socialism.[fo 15]

But let us be clear about one thing.

This is not a moment when anyone with the interests of this country at heart should be talking about cutting our defences.

It is a time when we urgently need to strengthen our defences.

Of course this places a burden on us. But it is one that we must be willing to bear if we want our freedom to survive.

Throughout our history, we have carried the torch for freedom. Now, as I travel the world, I find people asking again and again, "What has happened to Britain?" They want to know why we are hiding our heads in the sand, why with all our experience, we are not giving a lead.[fo 16]

Many people may not be aware, even now, of the full extent of the threat.

We expect our Governments to take a more far-sighted view.

To give them their due, the Government spelled out the extent of the peril in their Defence White Paper last year, But, having done so, they drew the absurd conclusion that our defence efforts should be reduced.

The Socialists, in fact, seem to regard defence as almost infinitely cuttable. They are much more cautious when it comes to cutting other types of public expenditure.[fo 17]

They seem to think that we can afford to go deeper into debt so that the Government can prop up a loss-making company. And waste our money on the profligate extension of nationalisation and measures such as the Community Land Act.

Apparently, we can even afford to lend money to the Russians, at a lower rate of interest that we have to pay on our own borrowings.

But we cannot afford, in Labour's view, to maintain our defences at the necessary level—not even at a time when on top of our NATO commitments, we are fighting a major internal war against terrorism in Northern Ireland, and need more troops in order to win it.[fo 18]

There are crises farther from home that could affect us deeply. Angola is the most immediate.

In Angola, the Soviet-backed guerrilla movement, the MPLA, is making rapid headway in its current offensive, despite the fact that it controls only a third of the population, and is supported by even less.

The MPLA is gaining ground because the Soviet Union and its satellites are pouring money, guns and front-line troops into the battle.

Six thousand Cuban regular soldiers are still there.[fo 19]

But it is obvious that an acceptable solution for Angola is only possible if all outside powers withdraw their military support.

You might well ask: why on earth should we think twice about what is happening in a far-away place like Angola?

There are four important reasons.

The first is that Angola occupies a vital strategic position. If the pro-Soviet faction wins, one of the immediate consequences will almost certainly be the setting up of Soviet air and naval bases on the South Atlantic.[fo 20]

The second reason is that the presence of Communist forces in this area will make it much more difficult to settle the Rhodesian problem and achieve an understanding between South Africa and black Africa.

The third reason is even more far-reaching.

If the Russians have their way in Angola, they may well conclude that they can repeat the performance elsewhere. Similarly, uncommitted nations would be left to conclude that NATO is a spent force and that their best policy is to pursue an accommodation with Russia.[fo 21]

Fourthly, what the Russians are doing in Angola is against detente.

They seem to believe that their intervention is consistent with detente.

Indeed, Izvestiya recently argued that Soviet support for the Communist MPLA is "an investment in detente"—which gives us a good idea of what they really mean by the word.

We should make it plain to the Russians that we do not believe that what they are doing in Angola is consistent with detente.[fo 22]

It is usually said that NATO policy ends in North Africa at the Tropic of Cancer. But the situation in Angola brings home the fact that NATOs supplylines need to be protected much further south.

In the Conservative Party we believe that our foreign policy should continue to be based on a close understanding with our traditional ally, America.

This is part of our Anglo-Saxon tradition as well as part of our NATO commitment, and it adds to our contribution to the European Community.[fo 23]

Our Anglo-Saxon heritage embraces the countries of the Old Commonwealth that have too often been neglected by politicians in this country, but are always close to the hearts of British people.

We believe that we should build on our traditional bonds with Australia, New Zealand and Canada, as well as on our new ties with Europe.

I am delighted to see that the Australians and the New Zealanders have concluded—as I believe that most people in this country are coming to conclude—that Socialism has failed.[fo 24]

In their two electoral avalanches at the end of last year, they brought back Governments committed to freedom of choice, governments that will roll back the frontiers of state intervention in the economy and will restore incentives for people to work and save.

Our congratulations go to Mr Fraser and Mr Muldoon .

I know that our countries will be able to learn from each other.[fo 25]

What has happened in Australasia is part of a wider reawakening to the need to provide a more positive defence of the values and traditions on which Western civilisation, and prosperity, are based.

We stand with that select body of nations that believe in democracy and social and economic freedom.

Part of Britain's world role should be to provide, through its spokesmen, a reasoned and vigorous defence of the Western concept of rights and liberties: The kind that America's Ambassador to the UN, Mr Moynihan , has recently provided in his powerfully argued speeches.[fo 26]

But our role reaches beyond this. We have abundant experience and expertise in this country in the art of diplomacy in its broadest sense.

It should be used, within Europe, in the efforts to achieve effective foreign policy initiatives.

Within the EEC, the interests of individual nations are not identical and our separate identities must be seen as a strength rather than a weakness.

Any steps towards closer European union must be carefully considered.[fo 27]

We are committed to direct elections within the Community, but the timing needs to be carefully calculated.

But new problems are looming up.

Among them is the possibility that the Communists will come to power through a coalition in Italy. This is a good reason why we should aim for closer links between those political groups in the European Parliament that reject Socialism.[fo 28]

We have a difficult year ahead in 1976.

I hope it will not result in a further decline of Western power and influence of the kind that we saw in 1975.

It is clear that internal violence—and above all political terrorism—will continue to pose a major challenge to all Western societies, and that it may be exploited as an instrument by the Communists.[fo 29]

We should seek close co-ordination between the police and security services of the Community, and of Nato, in the battle against terrorism.

The way that our own police have coped with recent terrorist incidents provides a splendid model for other forces.

The message of the Conservative Party is that Britain has an important role to play on the world stage. It is based on the remarkable qualities of the British people. Labour has neglected that role. *MT apparently omitted the following passage in delivery. She noted, "If short of time go to top of page 32 (We are often told)." Pages 29–31 of the text are clipped together.*[fo 30]

Our capacity to play a constructive role in world affairs is of course related to our economic and military strength.

Socialism has weakened us on both counts. This puts at risk not just our chance to play a useful role in the councils of the world, but the Survival of our way of life.

Caught up in the problems and hardships that Socialism has brought to Britain, we are sometimes in danger of failing to see the vast transformations taking place in the world that dwarf our own problems, great though they are.[fo 31]

But we have to wake up to those developments, and find the political will to respond to them.

Soviet military power will not disappear just because we refuse to look at it.

And we must assume that it is there to be used—as threat or as force—unless we maintain the necessary deterrents.

We are under no illusions about the limits of British influence. *End of passage probably omitted in delivery.*[fo 32]

We are often told how this country that once ruled a quarter of the world is today just a group of offshore islands.

Well, we in the Conservative Party believe that Britain is still great.

The decline of our relative power in the world was partly inevitable—with the rise of the super powers with their vast reserves of manpower and resources.[fo 33]

But it was partly avoidable too—the result of our economic decline accelerated by Socialism.

We must reverse that decline when we are returned to Government.

In the meantime, the Conservative Party has the vital task of shaking the British public out of a long sleep.[fo 34]

Sedatives have been prescribed by people, in and out of Government, telling us that there is no external threat to Britain, that all is sweetness and light in Moscow, and that a squadron of fighter planes or a company of marine commandos is less important than some new subsidy.

The Conservative Party must now sound the warning.

There are moments in our history when we have to make a fundamental choice.[fo 35]

This is one such moment—a moment when our choice will determine the life or death of our kind of society,—and the future of our children.

Let's ensure that our children will have cause to rejoice that we did not forsake their freedom.

John Cole

[Summary of question] Does meeting Gorbachev , make you more optimistic or less regarding detente and world peace next year?

Prime Minister

I am cautiously optimistic. I like Mr. Gorbachev . We can do business together. We both believe in our own political systems. He firmly believes in his; I firmly believe in mine. We are never going to change one another. So that is not in doubt, but we have two great interests in common: that we should both do everything we can to see that war never starts again, and therefore we go into the disarmament talks determined to make them succeed. And secondly, I think we both believe that they are the more likely to succeed if we can build up confidence in one another and trust in one another about each other's approach, and therefore, we believe in cooperating on trade matters, on cultural matters, on quite a lot of contacts between politicians from the two sides of the divide.[fo 1]

John Cole

[Summary of question] Gorbachev spoken of as possible successor to Chernenko, more flexible and, in Soviet terms, liberal. Did you form that view of him?

Prime Minister

[Mikhail Gorbachev] He was very ready to enter into full, detailed discussion; not to stick to prepared statements. So we had a genuine discussion. As a matter of fact, I also had a genuine discussion with Mr. Chernenko , President Chernenko , when I visited Moscow in February last year, and I also got on very well with President Chernenko , so the two things, really, were very very well worthwhile doing and I am very pleased he is here, and I hope he has an extremely successful visit.

John Cole

[Summary of question] You see President Reagan at the end of the week. Any chance of Summit meeting in New Year between President Chernenko and President Reagan ?

Prime Minister

I should not hurry along a Summit meeting too fast. I think the most important thing is to try to decide what[fo 2] form the disarmament talks shall take; what shall be discussed; in which group of Ministers; and to try to make progress there.

I am sure that both sides want to make progress, because it is in both of our interests to do so, and I think it is important that some progress is made first and then perhaps to think of a Summit later. But I think it is wrong to raise expectations too high at the beginning, because then people might be disappointed. If they approach it in the framework that we both want to succeed and then take the progress steadily, that will be better in the longer run.

John Cole

[Summary of question] So arms talks first. And Star Wars?

Prime Minister

Well that, of course, is part of the disarmament talks. Obviously, you cannot stop research going ahead, but I think one does not want to go into a higher and higher level of armaments because between the two main power blocs, the Warsaw Pact countries and NATO, we have got to have balance if we are both to feel secure, but we are only going to feel secure on the basis of a balance of armaments, and obviously, it does not make sense to have balance at a higher and higher level. We want to get the level of balance down and that is why we are entering into the talks; because we want that level of balance down[fo 3] and also because I think both of us feel that more monies should be spent towards raising the standard of living of people and perhaps less on armaments, provided we can keep that balance and that mutual respect for one another's security.

John Cole

[Summary of question] Mrs. Gorbacheva , a guest to lunch at Chequers yesterday. More involved in her husband's work than previous Soviet leaders' wives you've seen?

Prime Minister

I do not know. [Raisa Gorbachev] She is a person of very much her own interests. As you know, she is very interested in political philosophy and she was delighted to spend some time going round Chequers' library, which she found very very fascinating, and we were very pleased that she came along too and my husband and a number of other people looked after her while Mr. Gorbachev and I and his advisers and mine were talking.

John Cole

[Summary of question] You are now leaving for China to sign Hong Kong Agreement. Do you think after 1997 Chinese will maintain present status of Hong Kong or even democratize it further? [fo 4]

Prime Minister

I believe that that Agreement will be honoured. We are both committed to it and we are trying to demonstrate the commitment of both China and of the United Kingdom to the future of Hong Kong in its present life style by going and having it signed at Prime Ministerial level.

The Chinese have negotiated in detail, again to show that they are committed to the stability and prosperity of Hong Kong in the future, and it continuing as it is now, and they put in the period of fifty years. I think there is also one other very encouraging thing: there will be a Liaison Committee, so that we can keep closely in touch with the Chinese, although we shall be absolutely in administrative control until 1997. That Liaison Committee, on which we consult one another, will continue after 1997 until the year 2000, and I hope that that will give some extra confidence to the people of Hong Kong that the Agreement will be fully honoured and that we are both committed

3757114R00057

Printed in Great Britain
by Amazon.co.uk, Ltd.,
Marston Gate.